BIBLIOGRAPHY OF HUNGARIAN DICTIONARIES, 1410-1963

Published under the auspices of the Hungarian
Rákóczi Association

Bibliography of
HUNGARIAN
DICTIONARIES
1410-1963

Compiled by

I. L. HALASZ DE BEKY

UNIVERSITY OF TORONTO PRESS

F O R E W O R D

The theme of this book may seem to most Canadians an exotic and esoteric one. Its publication, however, is an indication of Canada's widening interest in countries once regarded as remote and of the growing importance in our life of citizens of Central and East European origin, of whom some 100,000 are Hungarian or Magyar. More significant, this work is to be welcomed as a highly specialized contribution to the world of knowledge, a boon to linguists, translators and interpreters. Mr. de Beky, the author of a previous work on the bibliography of the Hungarian revolution, has performed a valuable service for students and users of the Hungarian language.

H. Gordon Skilling
Director
Centre for
Russian and East European Studies
University of Toronto

COMPILER'S NOTE

The present bibliography contains 1025 entries, of which 505 are language and 520 are subject dictionaries. Only the latest editions are included except when either the publisher or the publishing place varies.
The bibliography, or rather the material, has been divided into two major parts: language dictionaries and subject dictionaries. The first has two subdivisions: mono- and bilingual, and polyglot dictionaries.
Hungarian titles are provided with English translations. In cases where the title gives no additional information, other then the names of languages included, translations are omitted.
I feel that no author-title index is needed because of the grouping and the alphabetical order within the groups.
I wish to express my sincere gratitude to the Rákóczi Association, whose financial assistance helped the realization of this project. Finally, my love and appreciation to my wife and to my children for their indirect help and understanding during the months of compilation and typing.

Toronto, 1965.

I.L. Halasz de Beky

T A B L E   O F   C O N T E N T S

ABBREVIATIONS AND SYMBOLS

A	ALBANIAN	Gr	GREEK
átdolg.	revised	He	HEBREW
Aufl.	edition	i.e.	that is
Ausg.	"	illus.	illustrated
B	BULGARIAN	It	ITALIAN
Bel	BELGIC	izd.	edition
böv.	enlarged	J	JAPANESE
Br	BRAZILIAN	jav.	corrected
c	copyrighted	Ka	KABARDIN
c.	entitled	kiad.	edition
Ch	CHEREMISS	La	LATIN
ChSl	CHURCH SLAVIC	M	MONGOL
col.	column[s]	mimeo.	mimeographed
cor.	corrected	N	NORWEGIAN
Cr	CROATIAN	[n.d.]	no date
Cz	CZECH	[n.p.]	no publishing place
D	DANISH		
Dal	DALMATIAN	Oss	OSSETIC
Du	DUTCH	p.	page[s]
ed.	edition	Po	POLISH
(ed.)	editor	Por	PORTUGUESE
E	ENGLISH	pt.,pts.	part, parts
enl.	enlarged	ptie.	part
et al.	and others	rev.	revised
F	FINN	Ru	RUMANIAN
facsim.	facsimile	Rus	RUSSIAN
ford.	translated by	Sax	SAXON
Fr	FRENCH	Ser	SERBIAN
G	GERMAN	Sl	SLOVAK

Sla	SLAVONIAN
Sp	SPANISH
Sw	SWEDISH
szerk.	edited by
T	TURKISH
(tr.)	translator
U	UKRAINIAN
usw.	and so forth
v.,vols.	volume, volumes
verb.	corrected
vyd.	edition
-----	same author
---- ------	same author and title
[ ]	information taken not
	from the title page

BIBLIOGRAPHY

BAILEY & SWINFEN, firm
   A catalogue of dictionaries...in the European languages.
London, 1953.

BIBLIO (Catalogue français)

BIBLIOGRAFICKY KATALOG CsR.
   Ceske knihy.

BIBLIOGRAFICKY KATALOG CsR.
   Slovenske knihy.

BIBLIOGRAPHIC INDEX; a cumulative bibliography of bibliogra-
      phies. New York, H.W. Wilson, 1945-

BOHATTA, H.
   International Bibliographie der Bibliographien. Frankfurt
am Main, Klostermann, c1950.

BOLLETINO delle Publicazioni Italiano.

BOOKS FROM HUNGARY. Budapest, Kultura.

BRITISH MUSEUM. Dept. of Printed Books
   Catalogue of printed books.

BRITISH NATIONAL BIBLIOGRAPHY

COLLINSON, R.L.
   Dictionaries of foreign languages. New York, Hafner, 1955.

DEUTSCHE NATIONAL BIBLIOGRAPHIE

DUREY DE NOINVILLE, J.B.
  Table alphabétique des dictionnaires en toutes sortes de
langues et sur toutes sortes de sciences et d'arts. 1758.

HORVÁTH, E.
  Magyar-görög bibliográfia. Budapest, 1940.

JOHN CRERAR LIBRARY, Chicago
  A list of cyclopedias and dictionaries. Chicago, 1904.

LONDON LIBRARY
  Subject-index of the London Library. London, Williams &
Norgate, 1909-

MAGYAR NEMZETI BIBLIOGRÁFIA

MANCHESTER, ENG. Public Libraries. Technical Library
  Technical translating dictionaries. ₍Manchester₎ 1962.

MELICH, János
  A magyar szótárirodalom. Budapest, 1907.

MITCHELL, William S.
  Catalogue of the Heslop collection of dictionaries in the
Library of King's College, Newcastle upon Tyne. 1955.

MODERN LANGUAGE ASSOCIATION OF AMERICA
  Annual bibliography. New York. Kraus Reprint.

NEW YORK. Public Library. Slavonic Division
  Dictionary catalogue of the Slavonic collection. Boston,
G.K. Hall, 1959-

PERMANENT INTERNATIONAL COMMITTEE OF LINGUISTS
  Linguistic bibliography. Utrecht, Spectrum, 1949-

RIZNER, L.V.
  Bibliografia pisomnictva slovenského na spôsob slonika od
najstaršichčias do konca r. 1900. Martin, 1929-34.

SÁGI, István
  A magyar szótárak és nyelvtanok könyvészete. Budapest,1922.

STECHERT-HAFNER, firm
  Dictionaries and grammars in 125 languages. New York, 1955.

SZINNYEI, József
  Bibliotheca hungarica historiae naturalis et matheseos,
1472-1875. Budapest, M. kir. Természettudományi Társulat, 1878.

TREUBNER, firm
  A catalogue of dictionaries and grammars of the principal
languages and dialects of the world. London, 1872.

UNGARISCHES INSTITUT AN DER UNIVERSITÄT BERLIN
  Bibliographia Hungariae, 1861-1921. Berlin, W. de Gruyter,
1928.

UNITED NATIONS EDUCATIONAL, SCIENTIFIC AND CULTURAL ORGANI-
ZATION
  Bibliography of interlingual scientific and technical
dictionaries. [4th ed. Paris] U.N.S.C.O. [1961]

U.S. LIBRARY OF CONGRESS
  Foreign language-English dictionaries. Washington, 1955.

---- East European accessions index.

---- Catalog. Books: Subjects.

VATER, J.S.
  Litteratur der Grammatiken, Lexica und Woertersammlungen
aller Sprachen der Erde. Berlin, 1815.

WILSON, H.W., firm
  Standard catalog for public libraries. New York, 1940.

WINCHELL, C.M.
    Guide to reference books. 7th ed. Chicago, A.L.A., 1951.

WUESTER, Eugen
    Bibliography of monolingual scientific and technical glos-
saries. Paris, U.N.S.C.O., 1955.

ZAUNMÜLLER, W.
    Bibliographisches Handbuch der Sprachwörterbücher der Jahre
1460-1958 für mehr als 500 Sprachen und Dialekte. Stuttgart,
Hiersemann, 1958.

ZISCHKA, G.A.
    Index lexicorum. Wien, Hollinek ₍1959₎

L A N G U A G E   D I C T I O N A R I E S
Pt.I. Mono- and bilingual
Pt.II. Polyglot

PART I.

A R T I F I C I A L

Esperanto

1. BARABÁS, Ábel
   Esperanto világnyelv. Nyelvtannal, gyakorlatokkal és szótárral. Budapest, 1898.

2. ---- ------ Új kiad. Kolozsvár, 1908.

   (Esperanto: the world-language. Includes grammar, exercises and dictionary)

3. LUKÁCS, Ödön
   Magyar-eszperanto kis szótár. 2. kiad. Budapest, 1913.

   (Little Hungarian-Esperanto dictionary)

4. PECHÁN, Alfonz
   Eszperanto-magyar szótár. 2. jav. és bőv. kiad. Budapest, Terra, 1961. 464 p. (Kisszótár sorozat)

   (20.000 words and 40.000 derivates)

5. ---- Magyar-eszperanto szótár. 2. jav. és bőv. kiad. Budapest, Terra, 1961. 560 p. (Kisszótár sorozat)

6. ROBICSEK, Pál
   Teljes eszperanto kulcs. Budapest, 1913?

   (Pt. 2: Esperanto-Hungarian dictionary)

7. SCHATZ, Róbert
   Magyar-eszperanto zsebszótár. Budapest, 1910.

   (Hungarian-Esperanto pocket-dictionary)

8. TÖRÖK, Péter
   Teljes eszperanto-magyar szótár. Debrecen, 1910.

   (Complete Esperanto-Hungarian dictionary)

Ido

9. SZENTKERESZTY, Zsigmond
   Rövid ido-magyar és magyar-ido szótár. Budapest, 1919.

   (Short Ido-Hungarian and Hungarian-Ido dictionary. Pt. 1.
   only)

Volapük

10. SCHLEYER, J.M.
    Ungarisch und Weltsprachlich. 8. Ausg. Konstanz, 1887.

A L B A N I A N

11. TAMÁS, Lajos
    Albán-magyar szótár. Aleksandër Xhuvani vezetésével át-
    nézte és kiegészitette az Albán Tudományos Intézet Nyelvé-
    szeti Osztálya. Budapest, Akadémiai Kiadó, 1953. 379 p.

    (Albanian-Hungarian dictionary, compiled with the coöpera-
    tion of the Dept. of Linguistics, Albanian Institute of
    Sciences. Contains 18.000 words and 25.000 derivates)

B U L G A R I A N

12. BÖDEY, J.
    Bulgár-magyar szótár. Budapest, Akadémiai Kiadó, 1956.
    xii, 967 p.

    (45.000 words and 70.000 derivates)

13. BULGARSKA AKADEMIA NA NAUKITE, Sofia. Institut za bulgarski
    ezik
    Ungarsko-bulgarski recnik. Sofia, 1956. 852 p.

14. VELCHOV, Luka
    Manen madžarsči-bûlgarsči rêčnič zarad bûlgarsči národni
    škulsči škuláre. 1896.

C H E R E M I S S I A N

15. BUDENZ, Joseph
    Erdei és hegyi cseremisz szótár. Budapest, Magyar Tudo-
    mányos Akadémia, 1866. vii, 104 p.

    (Hungarian dictionary of both Cheremissian dialects)

16. SZILASY, Mór
    Vocabularium Čeremissicum. Budapest, Magyar Tudományos
    Akadémia, 1901. (Ugor füzetek, 13)

C R O A T I A N

17. JANISZEWSZKY, Vladimir
    Magyar-horvát és horvát-magyar szótár. Budapest, 1912.
    2 v.

18. MARGALITS, Ede
    Magyar-horvát, horvát-magyar zsebszótár. Budapest, 1899.

19. MARGITAI, József
    Magyar-horvát, horvát-magyar rövid zsebszótár. Nagykani-
    zsa, 1887-1889. 2 v.

20. SPICER, Mór
    Magyar-horvát és horvát-magyar szótár. Budapest, 1893.

                            C Z E C H

21. BRÁBEK, František
    Česko-mad'arský příruční slovnik. Praha, Otto, 1909.
    876 p.

22. ---- Příruční slovnik mad'arsko-český. Praha, Otto, 1912.
    924 p.

23. ČESKOSLOVENSKÁ AKADEMIA VĚD, Prague
    Česko-mad'arský slovnik. Praha, 1961. 1760 p.

    (80.000 words and derivates)

24. DOBOSSY, László
    Cseh-magyar szótár. Budapest, Akadémiai Kiadó, 1960. 2 v.

    (80.000 words and 160.000 derivates)

25. STELZER, Árpád
    Magyar-cseh szótár. Budapest, Terra, 1960. 612 p.

    (23.000 words and 35.000 derivates)

26. ---- Cseh-magyar szótár. Budapest, Terra, 1961. 688 p.

    (23.000 words and 32.000 derivates)

D A N I S H

27.   DANSK-UNGARNSK lille ordbog. ₍n.p., 1957₎ 83 p.

D U T C H

28.   HONGAARS-NEDERLANDS en Nederlands-Hongaars woordenboek.
       Leuven, Hulp aan de Hongaarske jeugd in ballingschap,
       1957. 192 p.

29.   SZÍRMAI, Sebestyén
       Woorden en zimetjes een eenvounding Hongaars gesprekt.
       Brill, 1956?

30.   VÉBER, Gyula
       Magyar-holland szótár. s'Gravenhag, Van Goor, 1961.
       xiv, 290 p. (Van Goor's handwoordenboeken)

E N G L I S H

31.   ANDERLIK, Ignác
       Hungarian-English and English-Hungarian pocket-dictionary.
       Kolozsvár, 1907. 408 p.

32.   BALASSA, József
       Magyar-angol zsebszótár. Budapest ₍1914₎

       (Hungarian-English pocket-dictionary)

33.   BASIC HUNGARIAN-ENGLISH, English-Hungarian pocket dictionary.
       (4000 basic words used in every-day life.) 2nd. ed.
       London, B.N. Press Service ₍1957₎ 88 p.

34. BERNOLÁK, Imre
     Modern angol-magyar és magyar-angol szótár. 2. kiad.
Ottawa, The Author, 1957. 181, 192 p.

35. ---- Válogatott szavak a Modern angol-magyar, magyar-angol
szótárból. [Montreal, Royal Bank of Canada, 1957] 20 p.

(Selected words from the Modern English-Hungarian, Hungarian-
 English dictionary)

36. BIZONFY, Ferenc
     Angol-magyar és magyar-angol szótár. 7. kiad. Cleveland,
Szabadság [1940] 491, 480 p.

"p.471-491 Scott Walter, Burns Robert és más skót irók müvei-
ben előforduló tájszók magyarázata".

(English-Hungarian and Hungarian-English dictionary with an
 explanation of the dialect words used by W. Scott, R. Burns
 and other Scottish writers)

37. ---- English-Hungarian [and] Hungarian-English dictionary.
2. kiad. Budapest, Franklin, 1885-1886. 2 v.

38. BRADLEY, Stanley
     Simplified Hungarian with English-Hungarian dictionary.
Blackburn, Lancs., Technological Publishing Co., 1957.
24 p.

39. CSINK, János
     A complete practical grammar of the Hungarian language with
exercises, selections and vocabularies. To which is added
a historical sketch of Hungarian literature. London, Willi-
ams & Norgate, 1853. 2 v.

40. DALLOS, Gyula
     Angol-magyar és magyar-angol szótár. Pest, 1860.

(English-Hungarian part only)

41. DERRICK, Giles
     New pocket dictionary of the English and Hungarian
languages. Budapest, 1908. 400 p.

42. ---- ------ New ed. Milwaukee, Casper [1914]

43. FLAMM, Charles D.
     English and Magyar grammar with Magyar-English and English
     Magyar dictionary. Milwaukee, Caspar, 1916. 336 p.

44. GERMANUS, Gyula
     English-Hungarian and Hungarian-English pocket dictionary.
     Budapest, 1911.

45. GREEN, Béla
     American language master: an English-Hungarian grammar,
     interpreter and dictionary. 5th ed. rev. and enl. New York,
     Kerekes, 1957. 287 p.

46. ---- Egyetemes angol-magyar és magyar-angol zsebszótár.
     New York, Kerekes [1925] 336 p.

47. HAVAS, Livia
     Magyar-angol és angol-magyar útiszótár. Budapest, Terra,
     1962. 272, 352 p.

     (30.000 words)

48. JAMES, E.W.
     New dictionary of the English and Hungarian languages.
     London, Nutt, 1908.

     (English-Hungarian pt. only)

49. ---- ------ Budapest, Stampfel, 1914.

50. LANGAH, D.
     English-Hungarian dictionary. St.Louis, The Author, 1910.

51. LATZKÓ, Hugó
     Magyar-angol és angol-magyar kézi szótár. Budapest, 1920.
     2 v. in 1. (Schenk kéziszótárai)

52. ---- Magyar-angol és angol-magyar kéziszótár. A concise
dictionary of the Hungarian and English languages. Budapest,
Lingua ₍1946₎ 2 v.

53. NEW YORK (State) Bureau of Adult Education
     English-Hungarian word list. Albany ₍1957₎ 20 p.

54. ORSZÁGH, László
     A concise dictionary of the English and Hungarian (Hun-
garian-English) languages. Budapest ₍1948₎ 2 v.

55. ---- A concise Hungarian-English dictionary. New York,
Heineman, 1955. 749 p.

56. ---- Angol-magyar szótár. Brooklyn, N.Y., Schick, 1957.
1442 p.

57. ---- Angol-magyar szótár. (Munkatárs: Magay Tamás) Magyar-
angol szótár. (Munkatárs: Békés Ágnes) ₍Budapest₎ Akadé-
miai Kiadó, 1955. 2 v. (Kisszótár sorozat)

58. ---- Angol-magyar kéziszótár. 2. bőv. kiad. Budapest,
Akadémiai Kiadó, 1959. 1167 p.

59. ---- English-Hungarian dictionary. London, Collet's, 1960.
xᴠ, 2336 p.

     (110.000 words and 150.000 derivates)

60. ---- English-Hungarian dictionary. ₍Brooklyn, N.Y.₎
Schick, c1957. 663 p.

61. ---- Hungarian-English, English-Hungarian dictionary. New
York, Heinman; Budapest, Akadémiai Kiadó, 1953. 1444 p.

62. ---- Magyar-angol kéziszótár. (Főmunkatárs: Békési Ágnes)
Budapest, Akadémiai Kiadó, 1955. viii, 479 p.

63. ---- Magyar-angol kéziszótár. 2. bőv. kiad. Budapest, Akadémiai Kiadó, 1959. xvi, 1167 p.

(51.000 words and 24.000 derivates)

64. ---- Magyar-angol szótár. 4. kiad. Budapest, Akadémiai Kiadó, 1955. 496 p.

65. RŌZSA, Dezső
English-Hungarian and Hungarian-English nutshell dictionary. Budapest, 1913.

66. SINOR, Denis
A modern Hungarian-English dictionary. Cambridge, Engl., Heffer, 1957. xvi, 131 p.

67. SCOTT, Alan
Hungarian-English vocabulary and phrase book. London, National Union of Students [1957] 52 p.

68. WEISS, Edward
Magyar-angol zsebszótár. New York, Paprikás [c1956] 160 p.

69. WELSH, T.E.
The practical dictionary, English-Hungarian. Debrecen, 1931.

70. YOLLAND, Arthur B.
A dictionary of the Hungarian and English languages. Leipzig, Brockhaus, 1907. 844 p.

(English-Hungarian only)

71. ---- ------- Budapest [1924] 3 v.

Phrases and idioms

72. ANDRÁS, L.T.
How to say it in Hungarian? London, Collet's, 1961 [i.e. 1962] 239 p. maps.

73. CSÁKTORNYAI, Ferenc
   Angol társalgási kifejezések. Budapest, Tankönyvkiadó, 1963. 314 p.

   (English conversational expressions)

74. FREE EUROPE COMMITTEE
   Most érkeztem Amerikába, magyar-angol párbeszédek és szótár. New York, Free Europe Press ₁1957₁ 199 p.

   ("I have just arrived to America", Hungarian-English dialogs and dictionary)

75. GREEN, Béla
   Az amerikai szólásmódok a helyes kiejtés megjelölésével. New York, Kerekes ₁1957₁ 336 p.

   (American expressions with the correct pronunciation)

76. KUNDT, Ernő
   Anglicizmusok. 5. átdolg. kiad. Budapest, Tankönyvkiadó. 1961. 311 p.

77. NYITRAY, Emil
   Magyar-angol zseb tolmács. New York ₁1907₁

   (Hungarian-English pocket interpreter)

78. SEBESTYÉN, Endre
   Hatezer ₁6.000₁ angol és amerikai szólásforma és ezek magyar jelentése. Debrecen ₁The Author₁ 1941. 208 p.

   (Six thousand English and American phrases (expressions) and their Hungarian meanings)

79. SOISSONS, Guy Raoul, count de
   Hungarian self taught with phonetic pronounciation, vocabularies, elementary grammar. Malborough, 1910. 112 p.

80. ---- ------ 2d rev. ed. by Ilona de Győry-Ginever. Philadelphia, McKay, 1915. 112 p.

81. ---- ------ New York, Stechert, 1915.

82. WEINBERGER, Jenő
     Magyar-angol zsebtolmács. Pittsburg, Weinberger, 1906.

     (Hungarian-English pocket interpreter)

83. ZEISLER, Sándor
     Hungarian-English selfpronouncing pocket interpreter.
     New York, Nyitrai, 1908.

                          School

84. BIRÓ, Lajos Pál
     Angol-magyar és magyar-angol iskolai és kéziszótár.
     10. kiad. Budapest, Athenaeum ₁1948₁ 663 p.

     (English-Hungarian, Hungarian-English school dictionary)

                      F I N N I S H

85. BUDENZ, Joseph
     Finn nyelvtan olvasmányokkal és szótárakkal. 2. mondat-
     tani résszel kibőv. kiad. Budapest, 1880. 205 p.

     (Finnish grammar and reader with dictionaries)

86. PAPP, István
     Finn-magyar szótár. Budapest, Akadémiai Kiadó, 1962.
     1119 p.

     (60.000 words and 100.000 derivates)

87. SZINNYEI, József
     Finn-magyar szótár. Budapest, Magyar Tudományos Akadémia,
     1884. xix, 528 p.

88. ---- Finn-magyar szójegyzék. 2. kiad. Budapest, Hornyán-
     szky, 1916.

89. WEÖRES, Gyula
     Magyar-finn zsebszótár. Helsinki, Otava, 1934. 279 p.

F R E N C H

90. BABOS, Kálmán
     Dictionnaire complet des langues françaises et hongroises.
     3. éd. Budapest, 1886. 2 v.

91. ---- ------ Leipzig, Haessel, 1886. 2 v.

92. ---- Nouvelle dictionnaire hongrois-français et français-
     hongrois. 3. éd. rév. et augm. Budapest, 1865. 2 v.

93. ---- ------ Leipzig, 1866.

94. BIRKÁS, Géza
     Francia-magyar és magyar-francia szótár. Budapest, Szent
     István Társulat, 1947. 2 v.

95. CARRIER, J.
     Dictionnaire français-hongrois et hongrois-français.
     Györ, 1884.

96. ECKHARDT, Sándor
     Francia-magyar, magyar-francia szótár. [Budapest] Akadé-
     miai Kiadó, 1955. 2 v.

97. ---- Francia-magyar szótár. 2. böv. kiad. Budapest, Aka-
     démiai Kiadó, 1960. xvi, 2000 p.

     (70.000 words and 275.000 derivates)

98. ---- Francia-magyar kéziszótár. 2. böv. kiad. Budapest,
     Akadémiai Kiadó, 1959. 848 p.

99. ---- Magyar-francia szótár. Budapest, 1935.

100. ——— Magyar-francia szótár. Budapest, Akadémiai Kiadó,
      1958. xvi, 2376 p.

101. ——— Magyar-francia kéziszótár. Budapest, Akadémiai Kiadó,
      1959. 1085 p.

      (30.000 words and 70.000 derivates)

102. ——— Magyar-francia kéziszótár. Budapest, Eggenberg, 1935.

103. FÜREDI, Ignác
      Dictionnaire français-hongrois et hongrois français.
      Budapest, 1905. 2 v.

104. ISOZ DE CHÂTEAU D'OEX, Emilieu
      Francia-magyar és magyar-francia dióhéj szótár. Buda-
      pest, 1912.

105. HONTI, Rezső
      Schidlof gyakorlati módszerének francia-magyar zsebszó-
      tára. [n.p.] 1911-12. 2 v.

106. KISS, Mihály
      Francia-magyar és magyar-francia zseb szótár. Pest,
      1844. 2 v.

107. KÖNNYE, Nándor
      Dictionnaire français-hongrois et hongrois-français.
      Nagyvárad, 1891.

108. MAGYAR-FRANCIA és francia-magyar szótár. Budapest, 1890.

109. MAGYAR-FRANCIA szemléltető szótár. Budapest, Terra, 1959.
         576 p. illus., 9 col. plates.

      (Hungarian-French illustrative dictionary)

110. MÁRTONFY, Frigyes
      Dictionnaire complet des langues françaises et hongroi-
      ses. Budapest, 1885. (French-Hungarian only)

111. MOLÉ,
Uj francia-magyar és magyar-francia szótár. 3. kiad.
Pest, 1865-[1885] 2 v.

112. POKORNY, Jenő Á.
Dictionnaire français-hongrois et hongrois-français.
Budapest, Rautmann, 1881-1892. 2 pts. in 5 v.

113. SAUVAGEOT, A.
Dictionnaire générale français-hongrois. 2. éd. Buda-
pest, 1942.

114. ---- Magyar-francia nagy kézi szótár. Budapest, 1937.

115. THEISZ, Gy.
Dictionnaire français-hongrois et hongrois-français.
Budapest, Lampel, 1903. xii, 405 p.

116. THIBAUT, M.A.
Uj francia-magyar és magyar-francia zsebszótár. Pest,
1873. 2 v.

117. UJVÁRI, Béla
Dictionnaire français-hongrois. Budapest, Athenaeum,
1898-99. 2 v.

118. ---- Francia és magyar zsebszótár. Budapest, 1903. 2 v.
in 1.

Phrases and idioms

119. RECUEIL DE DIALOGUES ROYALES, Az az: Királyi beszélgetések
és a beszéd között előforduló dolgoknak, nem külömben
frantzia példabeszédeknek, értelmes mondásoknak, és ki-
váltképen való szóknak öszveszedegetése...az igen hasznos
toldalékkal Liszkai Miklós által megbővitettvén. Pozsony,
1749.

(One of the parts entitled: Vocabulaire; recueil des mots
les plus necessaires)

120. VÉGH, Béla
  Gallicismusok. Budapest, Terra, 1962. 272 p.

(5000 expressions and phrases)

School

121. HONTI, Rezső
  Schidlof gyakorlati módszerének francia-magyar zsebszó-
tára. [n.p.] 1911-12. 2 v.

122. SCHLOTT, Gyula
  Francia-magyar szótár, Schlott Gyula francia olvasó-
könyvéhez. Budapest, 1880.

(French-Hungarian dictionary to Schlott's reader)

123. THIBAUT, M.A.
  Francia és magyar iskolai szótár, átdolgozta Kováts S.
János. 2. kiad. Budapest, 1902-1904.

(French-Hungarian school-dictionary revised by S.J. Kováts)

124. VELLEDITS, Lajos
  Francia-magyar és magyar-francia iskolai és kézi szótár.
Budapest, Athenaeum, 1947. 808 p.

G E R M A N

125. AISTLEITHNER, Anton
  Ungarisch-deutsches Wörterbüchlein. Sopron, 1865.

126. ALTAI, Rezső
  Taschenwörterbuch der ungarischen Sprache. 2. verb.
Ausg. Budapest, Schenk [1915-1917] 2 v. in 1. (Schidlofs
Sprachsystem Praxis)

127.   ----   Ungarisch-deutsches und deutsch-ungarisches Taschen-
       wörterbuch. Budapest, 1920. 2 v. (Schenks Lingua Taschen-
       wörterbücher)

128.   ----   Ungarisch-deutsches und deutsch-ungarisches Taschen-
       wörterbuch. Budapest, 1920. 2 v. (Schenks Liliput
       Taschenwörterbücher)

129.   ----   Ungarisch-deutsches und deutsch-ungarisches Handwör-
       terbuch. Budapest, 1943. 2 v.

130.   ANTAL, M.
       Magyar és német zsebszótár. Buda, 1838.

131.   BALASSA, József
       Langenscheidts Taschenwörterbuch der ungarischen und
       deutschen Sprache. Berlin, 1942. 2 v.

132.   ----   Taschenwörterbuch der ungarischen und deutschen Spra-
       che. Mit Angabe der Aussprache nach dem phonetische System
       der Methode Toussaint-Langenscheidt. Berlin, Langenscheidt,
       1915-1916. 2 v. (Fonolexika Langenscheidt)

133.   BALLAGI, Mór
       Deutsch-ungarisches und ungarisch-deutsches Taschenwör-
       terbuch. 2. Ausg. Budapest, 1910. 2 v.

134.   ----   Magyar-német kéziszótár. Budapest, 1893. 684 p.

135.   ----   Neues vollständiges deutsches und ungarisches Wörter-
       buch. 2. Ausg. Pest, Franklin, 1862. 2 v.

136.   ----   ₍Neue Ausg.₎ Budapest, Franklin, 1914. 2 v.

137.   BEKE, Ödön
       Deutsch-ungarisch. Leipzig, Schmidt & Günther ₍1917₎
       809 p. (Liliput Wörterbuch, 33)

138. ----- Magyar-német. Leipzig, Schmidt & Günther [1917]
799 p. (Liliput Wörterbuch, 34)

139. BÉL, Mátyás
Der ungarische Sprachmeister, oder kurze Anweisung zu der
ungarische Sprache. 6. Aufl. Mit einer ganz veränderten
Gestalt. Mit einen neuen Anhange von den allernöthigsten
Wörter, Idiotismen, Sprichwörtern, Geschpräche etc. vermehrt.
Pressburg, Landerer, 1774. 320 p.

140. ----- ------- 13. Aufl. Pest, 1829. 328 p.

141. BITTER, Illés
Német-magyar és magyar-német szótár. Budapest, Szent
István Társulat [1952?] 620, 796 p.

142. BUGAT, Pál
Magyar és német zsebszótár. Pest, Magyar Tudós Társaság,
1838.

143. CSEMEZ, József
Deutsch-ungarisches und ungarisch-deutsches Taschenwörter-
buch. Györ, 1885-1893. 2 v.

144. ----- [v.1, 2. ed.] Györ, 1893.

145. FARKAS, Sándor
Legújabb és legtömöttebb német-magyar és magyar-német
zsebszókönyv. Budapest, 1878. 2 v.

146. FOGARASI, János
Magyar és német zsebszótár. 5. kiad. Pest, 1865.

147. FÜREDI, Ignác
Ungarisch-deutsches und deutsch-ungarisches Wörterbuch.
2. Aufl. Budapest, 1889.

148. ----- Ungarisch-deutsches und deutsch-ungarisches Taschen-
wörterbuch. 6. Aufl. Budapest, 1909?

149. GÖRG, Ferdinánd
    Deutsch-ungarisches und ungarisch-deutsches Wörterbuch.
    Neue Aufl. Wien, Hartleben, 1930. 2 v.

150. HALÁSZ, Előd
    Magyar-német szótár. 7. kiad. Budapest, Akadémiai Kiadó, 1963. 480 p. (Kisszótár sorozat)

    (22.000 words and 28.000 derivates)

151. ---- Német-magyar szótár. 7. kiad. Budapest, Akadémiai
    Kiadó, 1963. 368 p. (Kisszótár sorozat)

152. ---- Magyar-német szótár. Budapest, Akadémiai Kiadó, 1957.
    2 v.

    (130.000 words and 280.000 derivates)

153. ---- Német-magyar szótár. Budapest, Akadémiai Kiadó, 1952.
    2 v.

    (140.000 words and 220.000 derivates)

154. ---- Magyar-német és német-magyar kéziszótár. 5. kiad.
    Budapest, Akadémiai Kiadó, 1963. 2 v.

    (31.000-42.000 words and 55.000-50.000 derivates)

155. HASÁK, Vilmos
    Német-magyar és magyar-német szótár. Bratislava, SPN t.
    Západoslov tlč., 1960. 209 p.

156. HAVAS, Livia
    Magyar-német, német-magyar útiszótár. 2. kiad. Budapest, Terra, 1963. 264, 264 p.

    (Approx. 30.000 words)

157. HOFFMANN, Friedrich
    Taschenwörterbuch der ungarischen und deutschen Sprache.
    2. verb. Aufl. in neuer Orthographie. Leipzig, Holtze, 1910-1911. 2 v.

158. HOFFMANN, M.
   Ungarisch-deutsches und deutsch-ungarisches Taschenwörter-
   buch. 6. Ausg. Berlin, Neufeld & Henius, 1914.

159. JANCSOVICS, István
   A magyar és német nyelv zsebszótára. Budapest, Lauffer,
   18--. 2 v.

160. KELEMEN, Béla
   Magyar-német nagyszótár. 5. kiad. Budapest, 1942. 2 v.

161. ---- Magyar-német zsebszótár. Budapest, 1900.

162. ---- Magyar és német kéziszótár, tekintettel a két nyelv
   szólásaira. 4. kiad. Budapest, Athenaeum, 1941. 2 v.

163. ---- Taschenwörterbuch der deutschen und ungarischen Spra-
   che. Graz, Akademische Druck- und Verlaganstalt, 1956.
   600 p.

164. ---- Taschenwörterbuch der ungarischen und deutschen Spra-
   che, mit Rücksicht auf die Phraseologie. 14. Aufl. Wien,
   Braumüller, 1917.

165. ---- Ungarisch-deutsches Wörterbuch mit Rücksicht auf die
   Redensarten der beiden Sprachen. 2. Ausg. Budapest, Athe-
   naeum, 1912-1914. 2 v.

166. KÖNNYE, Ferdinánd
   Deutsch-ungarisches und ungarisch-deutsches Taschenwör-
   terbuch. 6. Aufl. Budapest, Grill [1909?] 2 v.

167. ---- ------ Wien, Deubler [1909]

168. LIEBLEITNER, J.
   Kleines ungarisch-deutsches Wörterbuch. 11. Aufl.
   Pozsony, Stampfel, 1897. 32 p.

169. LOMSCHITZ, Károly
      Német szójegyzék.   Szombathely, 1912.

      (German wordlist)

170. LOÓS, József
      Taschenwörterbuch der ungarischen und deutschen Sprache.
      Pest, Lauffer, 1869. 2 v.

171. MAGYAR TUDÓS TÁRSASÁG
      Magyar és német zsebszótár.   Buda, 1835-1838. 2 v.

172. MALOVETZKY, János
      Német-magyar és magyar-német szókönyv. Pest, Hartleben,
      1827. 2 v.

173. MÁRTON, József
      Magyar-német és német-magyar lexicon. Bécs, 1799.

174. ---- 2. kiad. Bécs, 1810-1811. 2 v.

175. NAGY, Antal
      Kleine ungarische Sprachlehre für den Privat- und Schul-
      gebrauch. Mit Lese- und Übersetzungsübungen und einen un-
      garischen Vokabular. Heidelberg, 1897. viii, 181 p.

176. NAGY, Lajos
      Anleitung zur Erlehrnung der ungarische Sprache [etc.]
      Deutsch-ungarisches Wörterbuch. Budapest, 1884. 2 v.

177. A NÉMETÜL TANULÓ magyar ifjuság számára készitett magyar-
      német szókönyv. Nagyszeben, 1814.

178. RICHTER, A.F.
      Ungarisch-deutsches und deutsch-ungarisches gedrängtes
      Wörterbuch. Budapest, 1912. 2 v.

179. ---- Neues vollständiges Taschenwörterbuch der ungarischen
      Sprache. Mit Aufnahme aller neuen ungarischen Wörter.
      Bécs, 1836. 2 v.

180. SCHUSTER, J.T.
      Neues ungarisch-deutsches Wörterbuch. 1838.

181. SIMONYI, Zsigmond
      Deutsches und ungarisches Wörterbuch. Budapest, 1899-
      1902. 2 v.

182. TIPRAY, János
      Taschenwörterbuch der deutschen und ungarischen Sprache.
      Budapest, 1874. 2 v.

183. TOLDY, Ferenc
      Magyar-német zsebszótár. Pest, Magyar Tudományos Akadé-
      mia, 1838.

184. ———— Handbuch der ungarischen Poesie...mit einen Verzeich-
      nisse der im Werke vorkommenden weniger gebrauchlichen Wör-
      ter. Pest, 1828.

185. ———— —————— Wien, 1828.

186. WEIGANG, József
      Német-magyar szótár, tekintettel a fönevek ejtegetésére.
      Nagykároly, 1884.

187. WOLF, B.
      Magyar és német zsebszótár. Budapest, 1897-1898.

                      Phrases and idioms

188. ALTAI, Rezsö
      Ungarische Gespräche. Budapest, Schenk [1916]

189. FÜREDI, Ignác
      Ungarisch-deutsche Gespräche. Budapest [n.d.]

      (p.182-190: Hungarian-German proverbs; p.291-315 Hungarian-
      German phrases and idioms)

190. GARAY, János
Magyar és német beszélgetések kézikönyve. Bövitve
magyar és német saját szójárásokkal. 12. kiad. Budapest,
1895.

(Hungarian and German conversations with a Hungarian-German
dictionary of phrases and idioms)

191. A MAGYAR NYELVNEK TORNÁTZA. Vorhof der ungarischen Sprache.
ɪn.p.ɪ 1746.

192. NÁDOR, Gabriella
Germanizmusok. Budapest, Terra, 1963. 292 p.

(5000 German phrases and idioms)

193. SIMONYI, Zsigmond
Deutsche und ungarische Redensarten. Von der Ungarische
Akademie der Wissenschaften preisgekrönte Arbeit. Ein
Hilfsbuch zum Übersetzen aus dem Deutschen und zur Ergänzung
der deutsch-ungarischen Wörterbücher. Budapest, 1896.

School

194. ALTAI, Rezsö
Ungarisch-deutsches und deutsch-ungarisches Taschenwörter-
buch. Mit Berücksichtigung des wichtigsten Wortschatzes
für der Schul- und Tägliches Gebrauch. Budapest, Schenk
ɪ1917ɪ 124 p. (Schenks Taschenwörterbücher)

195. BALLAGI, Mór
Schul- und Reise - Taschen - Wörterbücher der ungarischen
und deutschen Sprache. Neue Aufl. Budapest, 1883. 2 v.

196. ---- ------ Leipzig, Haessel, 1883. 2 v.

197. BARTOS, Fülöp
Német-magyar szótár. Iskolai használatra. Budapest,
1912.

198. DEUTSCH-UNGARISCHES WÖRTERBÜCHLEIN zum Gebrauche der Schul-
knaben. Német és magyar szó-könyvetske a tanuló gyerme-
kek számára. Károly-Fehérvár, 1788.

199. LÁNG, Mihály
Magyar-német szótár a nyelvgyakorlóhoz. Budapest, 1887.

(Hungarian-German dictionary to the exercise-book)

200. PAULAY, Ödön
Betűrendes szótár a Hirn-Paulay féle német olvasókönyv
I. és II. kötetéhez. Budapest, 1900.

(German-Hungarian dictionary to the 1st and 2nd volumes of
the Hirn-Paulay reader)

201. SIMONYI, József
Deutsches und ungarisches Schulwörterbuch. Budapest,
1900-1902. 2 v.

202. TIPRAY, János
Ungarisch-deutsches und deutsch-ungarisches Schul-
Taschenwörterbuch. 3. Aufl. Budapest, 1900-1901. 2 v.

203. ---- ------ Neue Ausg. Budapest [n.d.] 2 v.

204. TOLDY, Ferenc
Német-magyar tudományos műszótár a csász. kir. gymnasiu-
mok és reáliskolák számára. Pest, 1858.

G R E E K (Old)

205. LÉVAY, István
Görög-magyar szótár etymologiai csoportok szerint ren-
dezve. 4. kiad. [Budapest] 1907. 2 v.

206. ---- Magyar-görög szótár. Budapest, 1877.

207. SOLTÉSZ, Ferenc
      Görög-magyar szótár. 2. kiad. Sárospatak, 1875.

School

208. DÁVID, István
      Xenophon Memorabiliáinak teljes szótára. Budapest, 1888.

      (Dictionary of Xenophon's Memorabilia)

209. ELISCHER, Gyula
      Szótár Homérosz két eposzához. 3. kiad. Budapest, 1901.

      (Dictionary to Homer's two epics)

210. HOLUB, Mátyás
      Szótár Kszenofón Anabásziszához. Baja, 1862.

      (Dictionary to Xenophon's Anabasis)

211. LÉVAY, István
      Görög-magyar szótár Homér Iliása és Odysseájához. Eper-
      jes, 1875.

212. ---- ------ 2. kiad. Budapest, 1886.

      (Greek-Hungarian dictionary to Homer's Iliad and Odyssey)

213. POLGÁR, György
      Szócsoportok Homéroszból. Budapest, 1885.

      (Word-groups from Homer)

G Y P S Y

214. GYÖRFFY, Endre
Magyar és cigány szótár. Paks, 1885. 152 p.

215. SZTOJKA, Ferenc, de Nagy-Ida
Magyar és cigány nyelv gyök-szótára. Kalocsa, 1886.

216. ———— —————— 2. jav. és bőv. kiad. Paks, 1890. xii, 238 p.

(Hungarian dictionary of Gypsy roots)

217. HABSBURG, Josef, prince of
A cigányokról, a cigányok történelme, életmódja, néphite, népköltése, zenéje, nyelve és irodalma. Budapest, 1894.

(The Gypsies, their history, way of living, beliefs, poetry, music, language and literature. Offprint from the Pallas Lexicon, v. 4, with Hungarian-Gypsy vocabulary)

H E B R E W

218. GROSZ, Eliezer
Milon Ivri-Hungaru. Nusaḥ rishon: Eliyaha Yeshurum. Tel Aviv, 5717 ⌊i.e. 1956⌋

219. ISBÉTHI, Mór
Gyakorlati héber-magyar szótár. Debrecen, Farkas, 1947. 338 p.

(Practical Hebrew-Hungarian dictionary)

220. POLLÁK, Kaim
Héber-magyar teljes szótár. Budapest, 1881.

221.   SOMOSI, János
  A 'sidó nyelv kezdetei. Buda, 1833.

  (The origin of the Hebrew language. Pt. 2: Hebrew reader
  with notes and dictionary)

H U N G A R I A N
(General)

222.   BALASSA, József
  A magyar nyelv szótára. Budapest, 1940. 2 v.

223.   BALLAGI, Mór
  A magyar nyelv teljes szótára. Budapest, 1867-1872.
  2 v.

224.   ---- ------ Pozsony ₍1884₎

225.   BARÓTI SZABÓ, Dávid
  Kisded szótár. 2. kiad. Kassa, 1792.

226.   CZUCZOR, Gergely
  A magyar nyelv szótára. Budapest, Magyar Tudományos
  Akadémia, 1862-1874. 6 v.

227.   MAGYAR TUDOMÁNYOS AKADÉMIA, Budapest. Szótári Bizottság
  Címszójegyzék. Előkészületül a magyar nyelv szótárához.
  Budapest, 1899.

  (Word-list, prepared in advance to the Dictionary of the
  Hungarian language)

228.   SÁNDOR, István
  Szókönyv toldalékkal. Bécs, 1803.

  (Word-book with supplement)

I T A L I A N

229. BALDI, Bernadin
(Hungarian-Italian dictionary compiled before 1617.
Published by F. Toldi in Akadémiai Nyelv- és Széptudományi
Értekezések, v.1-2. Budapest, 1869-1871)

230. BETFADEL, Arturo Aly
Grammatica magiara con esercizi e vocabolarietto. Mila-
no, Hoepli, 1907.

231. GELETICH, V.
Dizionario italiano-ungherese e ungherese-italiano.
Fiume, Mohovich, 1914. 486, 446 p.

232. HERCZEG, Gyula
Olasz-magyar szótár. Budapest, Akadémiai Kiadó, 1952-
1955. 2 v.

(80.000 words and 170.000 derivates)

233. HONTI, Rezső
Magyar-olasz és olasz-magyar kéziszótár. Budapest, 1920.
2 v. (Dizionari Schenk)

234. ---- Olasz liliput zsebszótár. Magyar-olasz és olasz-ma-
gyar rész. Vocabolaretto tascabile. Budapest, 1921. 378,
494 p.

235. ---- Olasz-magyar kéziszótár. Vocabolario italiano-unghe-
rese. 6. kiad. Budapest, Lingua ₍1948₎ 184 p.

236. ---- Schidlof gyakorlati módszerének magyar-olasz zsebszó-
tára. 2. kiad. Budapest, 1915.

237. ---- Vocabolario ungherese-italiano e italiano-ungherese.
3. kiad. Budapest, Lingua, 1936. 126, 176 p.

238.   KALÓZ, J. Endre
        Olasz-magyar és magyar-olasz zsebszótár. Budapest, Vass,
        1898. 2 v.

239.   KOLTAY-KASTNER, Jenő
        Olasz-magyar és magyar olasz szótár. Pécs, Danubia,
        1934. 426, 422 p.

240.   ---- ------ 2. kiad. Átnézte és javitotta Szabó Mihály
        és Virányi Elemér. Pécs, Danubia, 1940. 448, 428 p.

241.   ---- ------ ₍2. bőv. kiad.₎ Graz, Akademische Druck- and
        Verlagsanstalt, 1956. 448, 428 p.

242.   ---- Magyar-olasz szótár. Budapest, Akadémiai Kiadó, 1963.
        1520 p.

        (12.000 words and 230.000 derivates)

243.   KŐRÖSI, Sándor
        Dizionario italiano-ungherese e ungherese-italiano.
        Budapest, Lampel ₍1912₎ 1382 p.

244.   KREMMER, Dezső
        Magyar-olasz dióhéj-szótár. 2. kiad. Budapest, 1926.
        448 p.

245.   ---- Olasz-magyar dióhéj-szótár. 2. kiad. Budapest, 1926.
        447 p.

246.   LENGYEL, János ₍et al.₎
        Magyar-olasz és olasz-magyar szótár. Fiume, Mohovich,
        1884-1887. vii, 448, 504 p.

247.   SOMOGYI, Ede
        Olasz-magyar és magyar-olasz szótár. Budapest, 1892.

Phrases and idioms

248. CSÁNK, Béla
Olasz-magyar szólásgyűjtemény. Budapest, Franklin, 1940.
175 p.

(Italian-Hungarian colloquial phrases)

249. HONTI, Rezső
Olasz útitárs. Budapest [n.d.] viii, 104 p.

(Italian travel-companion)

J A P A N E S E

250. METZGER, Nándor
Nagy magyar-japáni szótár. Tokio, Keletázsiai Magyar-ság, 1945.

L A P P I S H

251. HALÁSZ, Ignác
Déli lapp szótár. Budapest, Magyar Tudományos Akadémia,
1891. v, 264 p. (Ugor füzetek, 10)

(Southern-Lappish dictionary)

252. ———— Jemtlandi lapp nyelvmutatványok. Budapest, Magyar
Tudományos Akadémia, 1886. (Ugor füzetek, 8)

(Some Härjedallappish phrases with Hungarian translations)

253. ———— Pite-lappmarki szótár. Budapest, Magyar Tudományos
Akadémia, 1895. (Svéd-lapp nyelv, 6)

(Pite-Lappish dictionary)

LATIN

254. BAKÓ, Dániel
Latin-magyar zsebszótár. Sárospatak, 1862.

255. BARTAL, Antal
Teljes latin-magyar szótár. 3. kiad. Pest, 1872.

256. ---- Glossarium mediae et infimae Latinitatis regni Hunga-
riae, iussu et auxiliis Academiae Litterarum Hungaricae
condidit. Leipzig, Teubner, 1901. 722 p.

257. BUDAI, Ézsaiás
Christophori Cellarii Latinitatis probatae et exercitae
liber memorialis [etc.] Cum interpretatione Hungarica, et
aucta, et curatius ordinata ab Esaia Budai. Debrecen, 1798.

258. ---- ------ Pozsony, 1785.

(Without Budai's name)

259. ---- ------ Pozsony, 1800.

260. ---- ------ Pest, 1800.

261. ---- ------ Debrecen, 1808, 1817, 1831.

262. COMENIUS, Amos
Eruditionis scholasticae pars II. Janua rerum et lingua-
rum structuram externam exhibens. In usum scholae Pataki-
nae edita. 1652.

(Begins with a Latin-Hungarian dictionary)

263. DÁVID, István
Latin-magyar és magyar-latin zsebszótár. Budapest, 1889-
1896. 2 v.

264. ERDOBÉNYEI DEÁK, János
Janua linguarum bilinguis: Latina et Hungarica. Várad,
apud Abrahamum Szencinum, 1654.

265. ---- ------ Kolozsvár, 1694; 1702.

266. ESZTERGOMI, Ferenc
Latin-magyar zsebszótár. Budapest, Athenaeum [1946]
414 p.

267. FÁBRICH, József (ed.)
Magyar Kalepinus. 1791-1795.

(Latin-Hungarian dictionary based on Calepinus' Dictionarum
decem linguarum. Ms. in the Library of the Hungarian Na-
tional Museum)

268. FINÁLY, Henrik
A latin nyelv szótára. Budapest, 1884.

269. GYÖRKÖSY, Alajos
Latin-magyar szótár. 3. kiad. Budapest, Akadémiai Kia-
dó, 1963. viii, 624 p.

(40.000 words and 90.000 derivates)

270. ---- Magyar-latin szótár. Budapest, Akadémiai Kiadó, 1960.
1160 p.

(45.000 words and 100.000 derivates)

271. HOLUB, Mátyás
Latin-magyar és magyar-latin zsebszótár. Baja, 1861.

272. ---- Magyar-latin és latin-magyar kéziszótár. 3. kiad.
Budapest, 1896. 690 p.

273. KEMPF, József
Latin-magyar szótár. Budapest, 1900.

(The date of the 1st ed. unknown, maybe around 1634)

274. KRESZNERICS, Ferenc
    Magyar szótár gyökérrenddel és deákozattal. Buda, 1831-
    1832. 2 v.

275. MELICH, János
    Dictionarium Latino-Hungaricum. Budapest, Magyar Tudo-
    mányos Akadémia, 1912. xiii, 484 p.

276. ---- (ed.) Szikszai-Fabricius Balázs latin-magyar szójegy-
    zéke 1590-böl. Budapest, 1906.

277. NÉMETH, Antal
    Latin-magyar zsebszótár. 3. kiad. Györ, 1896.

278. PARIZ PÁPAI, Ferenc
    Dictionarium Latino-Hungaricum. Cibinii, 1767. 648 p.

279. ---- Dictionarium manuale Latino-Ungaricum et Ungarico-La-
    tinum. Leutschoviae, Brewer, 1708. 2 v. in 1.

280. ---- ------ Nagyszombat, 1762.

281. ---- ------ Nagyszeben, 1767, 1782.

282. ---- (Latin-Hungarian) Nagyszeben, 1801.

283. ---- (Hungarian-Latin) Pozsony, 1801.

284. POLGÁR, Gy. Ödön
    Schidlof gyakorlati módszerének latin-magyar és magyar-
    latin zsebszótára. Budapest, 1915.

285. SÁNDOR, István
    Toldalék a Magyar-Deák szókönyvhöz, a mint végsöször
    jött ki 1767-ben és 1801-ben. Béts, 1808.

    (Suppl. to Pariz Pápai's Hungarian-Latin dictionary)

286. SÁVOLY, Ferenc
     Magyar-latin és latin-magyar dióhéj-szótár. Budapest,
     1912.

287. SCHMIDT, József
     Latin-magyar, magyar-latin szótár. 3. kiad. 1908-1909.
     2 v.

288. SIMONYI, Zsigmond
     Latin szókönyv szócsaládok szerint rendezve. 3. kiad.
     Budapest, 1901.

     (Latin wordbook, arranged by etymological groups)

289. SOLTÉSZ, Ferenc
     Magyar-latin zsebszótár. 3. kiad. Sárospatak, 1898.

290. SZABÓ, Szilveszter
     Magyar-latin és latin-magyar szótár. Györ, 1879.

291. SZENCI MOLNÁR, Albert
     Dictionarivm Latinovngaricvm [et Vngarico-Latinvm] Opvs
     novvm et hactenvs nvsqvam editvm, in qvo omnes omnivm pro-
     batorvm lingvae Latinae et exactissime svnt Vngarice reddi-
     ta. Nomina item propria Deorvm, Gentilivm, Regionvm, Insv-
     larvm, Marivm, Flvviorum, Sylvarvm, Lacvvm, Montivm, Popv-
     lorvm, Virorvm, Mvliervm, Vrbivm, Vicorvm et similivm, cvm
     brevi et perspicva descriptione Vngarica svnt interspersa.
     Nürnberg, 1604. 2 v. in 1.

     (Includes old Hungarian legal terms in alphabetical order,
     entitled: Difficiles aliquot et insolentiores voces, quae
     in priscorum Ungariae regum decretis et in Jure Ungarico,
     Stephani Verbőczij passim occurunt, cum notatione Joannis
     Sambuci Tirnaviensis)

292. ———— —————— Francofurti, 1644.

293. SZIKSZAI FABRICIUS, Balázs
     Nomenclatvra sev Dictionarivm Latino-Vngaricum per Cla-
     rissimvm virum D. Basilium Fabricium Szikszauianum. Debre-
     cen, Czáktornyaj Joannes, 1590. 181 p.

294. ---- ------ 4. kiad.: Edito prioribus limatior et auctior
      cum Indice duplici, opera Emerici A. Uyfalvii. Debrecen,
      P. Rheda, 1597.

295. ---- ------ 5. kiad. Sárvár, 1602.

296. ---- ------ 6. kiad. Debrecen, 1619.

297. ---- ------ 7. kiad. Bártfa, 1630.

298. ---- ------ 8.-9. kiad.: Dictionarivm qvatvor lingvarvm
      Latinae, Hvngaricae, Bohemicae et Germanicae. Vienna,
      G. Gelbhaar, 1629.

299. SZŐKE, Adolf
      Latin-magyar szótár. Budapest, 1902-1903. 2 v.

300. VERESS, Ignác
      Latin-magyar és magyar-latin kézi szótár. 2. kiad.
      Budapest, 1887. 2 v.

301. WENDLINUS, Marcus T.
      Medulla priscae Latinitatis. Denuo impressa Albae Ju-
      liae. Typis Celsissimi Principis, 1646.

      (Latin-Hungarian dictionary)

School

302. ABECEDARIUM Latino-Hungaricum. Seu elementa lingvae Lati-
      nae et Ungaricae. Pápa, 1630.

      (Includes Latin-Hungarian dictionary, pts.A-B only)

303. ABECEDARIUM Latino-Hungaricum pro pueris. Leutschoviae,
      Brewer, 1694.

      (Includes Latin-Hungarian dictionary)

304. BARTAL, Antal
Szótár C. Julius Caesar De bello Gallico és De bello ci-
vili cimű emlékiratához. 2. kiad. Pest, 1871.

(Latin-Hungarian dictionary to Caesar's De bello Gallico
and De bello civili)

305. ———— Szótár a Bartal-Malmosi féle latin olvasókönyvhöz.
Budapest, 1891.

(Latin-Hungarian dictionary to the Bartal-Malmosi's reader)

306. BURIAN, János
Magyar-latin szótár a középiskolák számára. 3. bőv.
kiad. Budapest, Franklin ₍1947₎ 2 v.

307. FARKAS, István
Latin-magyar és magyar-latin szótár a csehszlovák álta-
lános műveltséget nyújtó magyar anyanyelvű iskolák 9-10.
évf. számára. Bratislava, SPN t. Západoslov. tlač., 1960.
155 p.

(Latin-Hungarian and Hungarian-Latin dictionary for the
9-10th grades of the Hungarian schools in Czechoslovakia)

308. DÁVID, István
Vergilius Aeneisének teljes szótára. Budapest, 1891.

(Complete Latin-Hungarian dictionary to Virgil's Aeneis)

309. ———— Betürendes szólajstrom Dávid I. latin olvasó és gya-
korlókönyvéhez. 4. kiad. Budapest, 1899.

(Alphabetical word-list to I. Dávid's Latin reader and
exercise book)

310. FINÁLY, Henrik
Latin-magyar iskolai szótár. Kolozsvár, 1858-1862.

311. HINDY, Mihály
Kéziszótár P. Vergilius Maro műveihez. Pest, 1863.

(Latin-Hungarian dictionary to Virgil's works)

312. HITTRICH, Ödön
    Latin szókönyv gimnáziumi tanulók használatára. Budapest, 1909.

    (Latin word-book for classical gymnasiums)

313. KÉRÉSZY, István
    Magyar-latin zsebszótár iskolai használatra. 2. kiad.
    Sárospatak, 1880.

314. KOVÁCS, János
    Latin-magyar zsebszótár Q. Horatius Flaccus müveihez.
    Budapest, 1887.

    (Latin-Hungarian pocket-dictionary to Horatius' works)

315. LENGYEL, Zsigmond
    Latin-magyar szótár gymnasiumi használatra. Debrecen,
    1870.

316. MOKRY, Benjamin
    A' régi Római nevezetesebb klassikus irókon és ezen
    könyvnek kiterjedéséhez szokott kritikán épült Deák-Magyar
    etymologiai lekszikon. Készitette az oskolás gyermekeknek
    számokra Mokry Benjamin, a' görög- és deák literaturanak
    volt tanitója 's á t. Pest, 1823.

317. PIRCHALA, Imre
    Latin-magyar iskolai szótár. Pozsony, 1896.

318. SCHULTZ, Ferdinánd
    Latin synonymika a középiskolák használatára. Budapest,
    1876.

319. ZANATHY, Bódog
    Magyar-latin szótár Schultz latin gyakorló könyvéhez.
    Györ, 1884.

    (Hungarian-Latin dictionary to Schultz's exercise book)

MORDOVIAN

320. JUHÁSZ, Jenő
   Moksa-mordvin szójegyzék. Budapest, Akadémiai Kiadó,
   1961. 262 p.

   (Moksa-Mordovian wordlist)

321. SZILASI, Móricz
   Pótlék az ezra-mordvin szótárhoz. Budapest, Magyar
   Tudományos Akadémia, 1897.

   (Supplement to the Ezra-Mordovian dictionary. Reprinted
   from Nyelvtudományi közlemények, 24)

OSTIAK

322. BEKE, Ödön
   Északi osztják szójegyzék. Budapest, Keleti Szemle,
   1900-1909.

   (Northern Ostiak wordlist. Supplement to Keleti Szemle)

323. PÁPAI, Károly
   Déli osztják szójegyzék dr. Pápai Károly gyűjtése alap-
   ján összeállitotta Munkácsi Bernát. Budapest, Magyar Tudo-
   mányos Akadémia, 1896. 297 p. (Ugor füzetek, 11)

   (Southern Ostiak wordlist)

324. PATKANOV, Szerafim
   Irtisi-osztják szójegyzék. (Vocabularium dialecti ost-
   jakorum regionis fluvii Irtysch) Budapest, Magyar Tudomá-
   nyos Akadémia, 1902. 251 p. (Ugor füzetek, 14)

   (Ostiak wordlist from the region of the river Irtis)

POLISH

325. BOÉR, György
   Lengyel-magyar szótár. Polsko-węgierski słownik. Budapest, The Author, 1942. 310 p.

326. CSORBA, Tibor
   Lengyel-magyar szótár. Budapest, Akadémiai Kiadó, 1959. xxiv, 976 p.

   (80.000 words and 160.000 derivates)

327. KLAFACZYŃSKI, Walerian
   Słownik polsko-węgierski. Budapest, 1943.

   (A-W only)

328. KURDYBOWICZ, Julian
   Słownik polsko-węgierski. Pilisvörösvár, 1942. 392 p.

329. STRYPSKI, Hiador
   Słowniczek najniezbedniejszych słow Węgierskich dla Polakow. Budapest, 1939. 63 p.

330. SZABLIŃSKI, Władysław
   Słownik wegiersko-polski; polsko-węgierski. Debrecen, Városi Nyomda, 1940-1941. 268 p.

331. VARSÁNYI, I.
   Lengyel-magyar szótár. Budapest, Akadémiai Kiadó, 1958. xvi, 784 p. (Kisszótár sorozat)

   (24.000 words and 32.000 derivates)

332. ---- Magyar-lengyel szótár. Budapest, Akadémiai Kiadó, 1959. 928 p. (Kisszótár sorozat)

   (32.000 words and 52.000 derivates)

Phrases

333. RADÓ, György
    Najwazniejsze wyrazy wegierskie użytku codziennego i ich
    wymowa. Budapest, Lingua ⌈1940⌉ 80 p.

PORTUGUESE

334. MOLNÁR, Gábor
    Magyar-portugal szótár, nyelvtan, beszélgetések. Buda-
    pest, Vajna-Bokor ⌈1948⌉ 189 p.

    (Hungarian-Portuguese dictionary, grammar, dialogs, with
    an appendix: Brazilian life of today)

RUMANIAN

335. ALEXICS, György
    Román-magyar és magyar-román zsebszótár. Budapest, 1917.

336. ---- ------ Budapest, 1920. (Schenks Lingua zsebszótá-
    rak)

336. BAKOS, Ferenc
    Román-magyar szótár. Budapest, Terra, 1961. 816 p.

    (26.000 words and 54.000 derivates)

337. BARICZ, György
    Magyar-román szótár. Brassó, 1869.

338. BARITU, Octav
    Magyar-román zsebszótár. 2. kiad. Kolozsvár, 1893.
    210 p.

339. GHETIE, János
     Román-magyar és magyar-román szótár. Budapest, 1906.

340. LÁNG, Mihály
     Magyar-román szótár a nyelvgyakorlóhoz. Budapest, 1887.

     (Hungarian-Rumanian dictionary to the exercise book)

341. MAGYAR-ROMÁN szótár. Dicţionar maghiar-romîn. [Bucarest,
     1961] xvi, 822 p.

342. PUTNOKY, Miklós
     Magyar-román és román-magyar kéziszótár. Budapest,
     Lauffer, 1896.

343. ROMÁN-MAGYAR szótár. Debrecen, 1919.

                              School

344. LÁZÁRICS, János
     Iskolai és házi román-magyar szótár. Nagyszeben, 1886.

345. MÜLLER, János
     Magyar-román szótár a Láng Mihály földrajzához. Budapest,
     1888.

     (Hungarian-Rumanian dictionary to M.Láng's geography)

                          R U S S I A N

346. BESKID, N.A.
     Slovar mad'yarsko-russki. Pryastev, 1919.

347. BIBIKOV, Konstantin
     Magyar-orosz szótár az Ukrán SzSzK magyar tannyelvű isko-
     láinak használatára. Kiev, Radianska Skola, 1959. 380 p.

348. ---- ------ Uzsgorod, 1959.

349. HAASZ, E.S.
      Russko-vengerskii slovar. Izd. 2. Moskva, OGIZ, 1951.
      607 p.

350. ---- Orosz-magyar kéziszótár. Budapest, Akadémiai Kiadó,
      1952. xv, 799 p.

351. HADROVICS, László
      Magyar-orosz szótár. Budapest, Akadémiai Kiadó, 1952.
      xvi, 1360 p.

      (75.000 words and 140.000 derivates)

352. ---- Magyar-orosz kéziszótár. Budapest, Akadémiai Kiadó,
      1953. 720 p.

353. ---- Magyar-orosz kéziszótár. 5. kiad. Budapest, Terra,
      1960. vii, 808 p. (Kisszótár sorozat)

      (22.000 words and 36.000 derivates)

354. ---- Orosz-magyar szótár. Budapest, Terra, 1959. xvi,
      928 p. (Kisszótár sorozat)

      (24.000 words and 36.000 derivates)

355. ---- Orosz-magyar szótár. 2. bőv., átdolg. kiad. Budapest,
      Akadémiai Kiadó, 1959. xvi, 1968 p.

      (80.000 words and 220.000 derivates)

356. IVANOV, V.S.
      Uchelnik vengerskogo iazyko. Moskva, 1961.

      (p.320-340: Hungarian-Russian dictionary)

357. KAKHANA, M.G.
      Vengersko-russkii slovar. Izd. 3., perer. i dop. Mosk-
      va, Gos. izd-vo inostrannikh i natsioalnikh slovarei, 1959.

358. KOVÁCS, Z.
   Magyar-orosz, orosz-magyar útiszótár. Budapest, Terra,
1961. 352, 352 p.

(approx. 30.000 words)

359. MAGYAR-OROSZ ZSEBSZÓTÁR. A legfontosabb szavak összeválo-
   gatásával. Budapest, 1920. (Schenk gyakorlati szótárai)

360. MITRÁK, Sándor
   Orosz-magyar szótár. Ungvár, 1881-1884.

361. OL'DAL, G.I.
   Karmannyi vengersko-russkii slovar. Izd. 2. Moskva,
Gos. izd-vo inostrannikh i..., 1963. 404 p.

(approx. 9.000 words)

362. ──── Karmannyi russko-vengerskii slovar. Izd. 2. Moskva,
Gos. izd-vo inostrannikh i..., 1963.

(approx. 7.000 words)

Phrases

363. HAASZ, E.S.
   Kratkiĭ russko-vengerskiĭ razgovornik. Moskva, 1944.
52 p.

364. KASZAB, Andor
   Szovjet-magyar diáklevelezés kifejezései és levélgyűjte-
ménye. Budapest, Tankönyvkiadó, 1961. 138 p.

(Expressions and samples of the Russian-Hungarian student-
correspondence)

365. KESZTHELYI, Ernő
   Russzicizmusok. 5.000 orosz szólás és kifejezés. Buda-
pest, Terra, 1961. 344 p.

366. MAGYAR-OROSZ társalgó. Moskva, 1956. 128 p.

367. SZÁNTÓ, R.
Kratkiĭ russko-vengerskiĭ razgovornik. Moskva, 1945.
59 p.

School

368. SZABÓ, Cyrill
Grammatica pis'mennogo russkogo iazyka. Uzsgorod, Tip.
Karla Legera, 1865. iv, 256 p.

(At end: Russko-mad'iarskiĭ slovar)

369. SZABÓ, M.
Orosz-magyar és magyar-orosz iskolai szótár. 3. kiad.
Budapest, Tankönyvkiadó, 196-. xvi, 379, 371 p.

(28.000 words and 42.000 derivates)

S E R B I A N

370. BRANČIČ, Blagoje
Magyar-szerb szótár. Újvidék, 1889. 658 p.

371. GREIČ, Iovan
A magyar és szerb nyelv szótára. Újvidék, 1902-1904.
2 v.

372. DJISALOVIČ, Veselin
Magyar-szerb szótár. Nagykikinda, 1916.

373. ---- Magyar-szerb és szerb-magyar szótár. Újvidék, 1922.
800, 548 p.

374. HADROVICS, László
     Magyar-szerbhorvát szótár. Budapest, Terra, 1958. 655 p.
     (Kisszótár sorozat)

     (26.000 words and 38.000 derivates)

375. ---- Szerbhorvát és magyar szótár. Budapest, Terra, 1957.
     lxiv, 688 p. (Kisszótár sorozat)

     (27.000 words and 43.000 derivates)

376. HERCEG, Iovan
     Srpsko-madjarski rečnik. Sombor, 1946. 283 p.

376. KOVÁCS, Kálmán
     Szerb-magyar szótár. Novi Sad, Bratstvo-Jedinstvo, 1957.
     232 p.

377. LÁNG, Mihály
     Magyar-szerb szótár a nyelvgyakorlóhoz. Budapest, 1887.

     (Hungarian-Serbian dictionary to the exercise book)

378. POLÁCSY, János
     Srpsko-madjarski rečnik. Novi Sad, 1941. 293 p.

                    S L O V A K

379. ARTBAUEROVÁ, Gizella
     Mad'arsko-slovensko slovnik. Bratislava, Slovenské
     Pedagogické Nakladatel'stvo, 1959. 651 p.

380. ---- Priručný slovnik reči slovenský a mad'arský. Bratis-
     lava, Unas, 1939. 663 p.

381. ---- Slovensko-mad'arský slovnik. Bratislava, Slovenské
     Pedagogické Naklodatel'stvo, 1958. 549 p.

382. ---- Slovnik mad'arsko slovenský. [3.kiad.] Bratislava,
Krivaň, 1948. 717 p.

383. GÖBEL, Marianna
Szlovák-magyar szótár. Budapest, Terra, 1962. 480 p.

(20.000 words and 28.000 derivates)

384. JANCSOVICS, István
Magyar-szláv és szláv-magyar szótár. Szarvas, Réthy,
1848. 448, 417 p.

385. ---- ------ 2. kiad. Budapest, 1854.

386. ---- Új magyar-szláv és szláv-magyar szótár. [Uj kiad.]
Pozsony, 1863. 2 v.

387. KUCSERA, Ignác
A legszükségesebb magyar és tót szavak gyüjteménye.
Pest, 1848.

388. ---- ------ 2. kiad. Komárom, 1864.

389. ---- ------ 4. kiad. Nyitra, 1883.

(Collection of the most useful Hungarian and Slovak words)

390. LÁNG, Mihály
Magyar-tót szótár a nyelvgyakorlóhoz. Budapest, 1887.

(Hungarian-Slovak dictionary to the exercise book)

391. LUKÁCS, Katalin
Magyar-szlovák szótár. Budapest, Terra, 1962. 576 p.

(23.000 words and 32.000 derivates)

392. ORBÁN, Gábor
Nový slovensko-mad'arský slovnik. [3. corr. ed.] Bra-
tislava, Magyar Könyvtár, 1951. 828 p.

393. PANIK, Mihály
     Magyar-tót szótár Láng Mihály földrajzához. Budapest,
     1888.

     (Hungarian-Slovak dictionary to M. Láng's geography)

394. PECHÁNY, Adolf
     Tót és magyar szótár. Új kiad. Budapest, Révai, 1919.
     2 v.

S P A N I S H

395. BOLZA, Olivér
     Spanyol-magyar zsebszótár. Pequeño diccionario español.
     2. kiad. Budapest, Lingua [1947] 240 p.

396. GÁLDI, László
     Magyar-spanyol szótár. Budapest, Terra, 1958. 736 p.

     (28.000 words and 34.000 derivates)

397. ———— Spanyol-magyar szótár. Budapest, Terra, 1958. 800 p.

     (27.000 words and 35.000 derivates)

398. KÖSZEGFALVI, Endre
     Gyakorlati spanyol nyelvkönyv és szótár. Buenos Aires,
     1947.

     (p. 227-292: Spanish-Hungarian dictionary)

S U M E R I A N

399. BOBULA, Ida
     Sumerian affiliations; a plea for reconsideration.
     Washington, D.C., 1951.

     (leaf 40-58: Sumerian-Hungarian glossary)

400.   ----   A sumér-magyar rokonság kérdése.   Buenos Aires, Esda, 1961.

   (p. 41-53, 62-68: Sumerian-Hungarian wordlist, compiled by the editorial staff of Esda)

401.   KIMNACH, Ödön
   Magyar-sumir kis kéziszótár.   Karczag, 1905.

S W E D I S H

402.   MARTINS, Éva
   Svéd-magyar szójegyzék Rosén Gunnar: Svenska för utlän-ninger cimü könyve negyedik kiadásához.   A szójegyzéket összeállitotta Martins Éva és Pándy Kálmán.   Stockholm, Folkuniversitet [Seelig] 1957.

   (Swedish-Hungarian wordlist to the fourth ed. of R. Gunnar's book entitled: Swedish for foreigners)

T U R K I S H

403.   BÁLINT, Gábor
   Kazáni tatár szótár.   Budapest, 1876.

   (Tatar-Hungarian dictionary of Kazan)

404.   KÚNOS, Ignác
   Janua linguae Ottomanicae.   Oszmán-török nyelvkönyv, nyelvtan, szótár, olvasókönyv.   Budapest, Magyar Tudományos Akadémia, 1905.   2 v.

   (Osmanli grammar, dictionary and reader)

405.   PAASONEN, Heikki
   Csuvasz szójegyzék.   Vocabularium linguae čuvašicae. Budapest, Magyar Tudományos Akadémia, 1908.   vii, 244 p.

   (Chuvash wordlist)

406. VÁMBÉRY, Ármin (ed. and tr.)
        Abuska; Csagatáj-török szógyüjtemény. Török kéziratból
        forditotta Vámbéry Ármin. Pest, Magyar Tudományos Akadémia,
        1862. xxii, 108 p.

        (Chagataj wordlist)

                        U K R A I N I A N

407. BOKSAY, M. ₍et al.₎
        Mad'yarsko-russkiĭ slovar. Magyar-ruszin szótár. Uzs-
        gorod ₍Educational Society of Subcarpathian Ruthenia₎ 1928.
        v, 516 p.

408. CSOPEY, László
        Russko-mad'yarskiĭ slovar. Budapest, 1883.

        (20.000 words. Awarded by the Hungarian Academy of Sciences)

409. KATONA, L.
        Ukrán-magyar szótár. Budapest, Akadémiai Kiadó, 1962.
        xvi, 463 p.

        (24.000 words and 40.000 derivates)

410. TCHUTCHKA, P.P. ₍et al.₎
        Magyar-ukrán szótár. Összeállitotta az uzsgorodi Állami
        Egyetem tudományos munkatársai. Budapest, Akadémiai Kiadó,
        1961. xx, 912 p.

        (30.000 words and 100.000 derivates)

                        V O G U L

411. SZILASI, Móricz
        Vogul szójegyzék. Budapest, Magyar Tudományos Akadémia,
        1896.

        (Vogul wordlist, repr. form Nyelvtudományi Közlemények, 25)

412. TRÓCSÁNYI, Zoltán
     Vogul szójegyzék. Budapest, Magyar Tudományos Akadémia,
     19--. (Nyelvtudományi Közlemények, 39)

     (Vogul wordlist)

                    V O T Y A K

413. MUNKÁCSI, Bernát
     A votják nyelv szótára. Lexicon linguae voticorum.
     Budapest, Magyar Tudományos Akadémia, 1896. xvi, 836 p.

                    W E N D I S H

414. K - R
     Magyar-vend szótár. Máli recsnik madzarsko-prekmurski.
     Muraszombat, Vendvidéki Könyvnyomda, 1919. 32 p.

P O L Y G L O T

415.   ARTBAUEROVÁ, Gizella
       Mad'arsko-slovensko-český slovnik. Bratislava, Pedago-
       gické Nakladatelstvo, 1957. 651 p.

       (Sl, Cz)

416.   BÁLINT, Gábor
       Lexicon Cabardico-Hungarico-Latinum. Kolozsvár, 1904.

       (Ka, La)

417.   BÉKEFY-KACSÓH, Magda
       Brazil-portugal-magyar nyelvkönyv és szótár. Budapest,
       Veitz [1947] 92 p.

       (Br, Por)

418.   BERNOLÁK, Antal
       Slowar Slowenski Česko-Latinsko-Nemecko-Uherski; seu
       lexicon Slavicum, Bohemico-Latino-Germanico-Hungaricum.
       Buda, Egyetemi Nyomda, 1825-1827. 6 v.

       (Sl, Cz, La, G)

419.   BORTNICKÝ, Jan Evanjelista
       Universae phraseologiae Latinae corpus congestum...denum
       Linguis Hungarica, Germanica et Slavica locupletatum.
       Latinsko-mad'arsko-germansko-slovenský slovnik. Buda, 1822.
       1524, 83 p.

       (La, G, Sl)

420.   CALEPINUS, Ambrosius
       Dictionarium decem linguarum super hac postrema editione
       quanta maxima fide ac diligentia fieri potuit, accurate
       emendatum, multisque partibus cumulatum, et aliquot milibus
       vocabulorum locupletatum. Ubi Latinis dictionibus Hebrae,
       Graecae, Gallicae, Italicae, Germanicae et Hispanicae, item-
       que nunc primo et Polonicae, Ungaricae atque Anglicae ad-
       iectae sunt. Lugduni, 1585. xiii, 484 p.

421. ──── ────── Lyon, 1586, 1587, 1588.

422. ──── ────── Geneva, 1594, 1620.

   (He, Gr, Fr, It, G, Sp, Po, E, La)

423. ──── Dictionarium undecim linguarum...respondent autem La-
   tinis vocabulis Hebraica, Graeca, Gallica, Italica, Germa-
   nica, Belgica, Hispanica, Polonica, Ungarica, Anglica.
   Basil, 1590, 1598, 1605, 1616, 1622, 1627, 1682.

   (La, He, Gr, Fr, It, G, Bel, Sp, Po, E)

424. CELLARIUS, Christophorus
   Christophori Cellarii Latinitatis probatae et exercitae
   liber memorabilis naturali ordine dispositus. In usum
   scholarum Patriae interpretatione Hungarica et Bohemica
   locupletavit Matthias Bel. Norinbergae, 1719.

   (La, Cz)

425. ──── ────── ₍2. corr. and enl. ed.₎ Leutschoviae, pros-
   tat apud Johannem Breverem cuius impensis Lipsiae prodiit
   sub finem A. 1735.

426. ──── ────── ₍3. corr. and enl. ed.₎ Pozsony, 1764.

427. ──── ────── Pozsony, 1777.

428. ──── Primitiva vocabula linguae e Christophori Cellarii
   libro memoriali excerpta. Debrecen, 1742. 1773.

429. ──── ────── Győr, 1743.

430. ──── ────── Pozsony, 1766, 1772, 1778, 1779, 1785, 1786
   1787, 1791, 1794.

431. ──── ────── Kolozsvár, 1768.

432. ---- ------ Kassa, 1778, 1779, 1787, 1800 (and one without date)

433. ---- ------ Besztercebánya, 1785.

434. ---- ------ Komárom, 1791.

435. ---- ------ Pest, 1794, 1808.

436. ---- ------ Nagyvárad, 1810.

437. ---- ------ [n.p.] 1820.

438. ---- ------ Sárospatak, 1827.

439. CIHAC, A. de
      Dictionnaire d'etymologie daco-romaine; elements slaves, magyars, turcs, grecs-moderne et albanais. Frankfurt, 1879. xxiv, 816 p.

      (Ru, Sl, T, Gr, A)

440. COMENIUS, Amos
      Janua linguarum vestibulum cum versione Germanica, Hungarica, Bohemica. Solna, 1690.

      (G, Cz)

441. DANKOWSZKY, G.
      Wörterbuch der magyarischen Sprache. Pozsony, 1833.

      (G, La)

442. DÉR, Pál
      Five languages pocket dictionary. 9. ed. Vienna, 1957. 1 v. (various paging)

      (E, Fr, G, It)

443.	DICTIONARIUM Hungaro-Latinum revisum et novae huic editioni
	addita est lingua Germanica. Cibinii, 1782. 402 p.

	(La, G)

444.	DIZIONARIO in sei lingue: italiano-serbocroato-ungherese-
	inglese-tedesco, francese. 2. ed. Subotica, 1955.
	750 p.

	(It, Ser, E, G, Fr)

445.	FORMULARIA HUNGARICA matricarum, item lexicon manuale Lati-
	no-Hungaricum et Germanico-Hungaricum. Tirnaviae, 1843.

	(La, G)

446.	GREAT BRITAIN. Naval Staff. Naval Intelligence Division
	Vocabularies: English, German, Magyar, Serbian, Bulga-
	rian, Roumanian, Greek, Turkish. London, H.M.S.O., 1920.
	132 p.

447.	GROSSINGER, János
	Universa historia physica Regni Hungariae secundum tria
	regna naturae digesta. Pozsony, 1793-1797. 5 v.

	(At end of each v.: Latin-Hungarian-German-Slovak or Latin-
	Hungarian-German dictionary)

448.	GYARMATI, Sámuel
	Vocabularium in quo plurima Hungaricis vocibus consona
	variarum linguarum collegit. Béts, 1816.

449.	HALÁSZ, Ignác
	Svéd-lapp nyelv. Pest, Magyar Tudományos Akadémia, 1885-
	1896.

	(The Swedish-Lappish language; text with Hungarian trans-
	lation and vocabularies with Hungarian and German equi-
	valents)

450.	HENISH, Georg
	Teütsche Sprach und Weissheit. Thesaurus linguae et
	sapientiae Germanicae...adjecta sunt quoque dictionibus

plerisque Anglicae, Bohemicae, Gallicae, Graecae, Hebraicae,
Hispanicae, Hungaricae, Italicae, Polonicae. Augsburg, 1616.

(The Hungarian pt. from J. Megiser's Thesaurus polyglottus)

451. HOROVICZ, Ignác
Hatnyelvű szótár.

(E, Fr, G, It, Ser)

452. HORVÁTH, József
Kis tót, magyar és német szótár. 3. kiad. Pozsony,
1897. 73 p.

(Sl, G)

453. JAMBRESSICH, András
Lexicon Latinum interpretatione Illirica, Germanica et
Hungarica locuples in usum studiosae iuventutis digestam.
Zagrabiae, Wessel, 1742. 1068 [92] p.

(La, A, G)

454. KERESZTESY, Sándor
Idegen nyelvek szótára. Tájékoztató a német, francia,
olasz, lengyel, horvát, angol, szerb, cseh és román nyel-
vű átiratok megértéséhez. Budapest, 1910.

(G, Fr, It, Po, Cr, E, Ser, Cz, Ru)

455. KORABINSZKY, János
Versuch eines kleinen türkischen Wörterbuchs mit beige-
setzten deutsch-ungarisch und böhmischen Bedeutungen.
Pozsony [1788]

(T, G, Cz)

456. KOVÁCSY, János
Deutsch-ungarisch-lateinisches Wörterbuch. Pozsony,
1846-1848. 2 v.

(G, La)

457. LACNY, Ádám
    Dictionarium cognationem seu convenientiam linguarum
    Hungaricae et Slavicae exhibens pro nationalibus scholis
    Slavonicis adornatum. 358 leaves.

    (Sl, Sla. Ms. in the University Library, Budapest. Publi-
    shed in Studia Slavica, v.3, p. 80-107, 1957)

458. LATIN-MAGYAR-NÉMET szójegyzék Weller latin olvasókönyvéhez.
    Pest, 1871.

    (La, G)

459. LENGYEL, Géza Dezső
    Szógyüjtemény a közéleti társalgásban leggyakrabban elő-
    forduló szókből, magyarul, németül, angolul, franciául,
    olaszul és spanyolul. Pest, 1869.

    (G, E, Fr, It, Sp)

460. LESICON Romanescu-Ungarescu-Nemetescu. Buda, 1825.

    (Ru, G. The first Rumanian dictionary)

461. LESKA, István
    Elenchus vocabulorum Europaeorum cumprimis slavicorum
    magyarici usus. Buda, Universitas Hungarica, 1825. xvi,
    271 p.

    (La, Sl)

462. LODERECKERUS, Petrus
    Dictionarium septem diversarum linguarum, videlicet
    Latine, Italice, Dalmatice, Bohemice, Polonice, Germanice
    et Ungarice. Una cum cuiuslibet linguae registro sine re-
    pertotio vernaculo, in quo candidus lector sui idiomatis
    vocabulum facile invenire potuit. Singulari studio et in-
    dustria collectum. Praga, 1605. 569 p.

    (La, It, Dal, Cz, Po, G)

463. LOOS, József
    Tót-magyar-német és német-magyar-tót szótár. Budapest,
    Lauffer, 1869-1871. 3 v.

464. ---- Tót-magyar-német és német-magyar-tót zsebszótár. Budapest, Lauffer, 1869. 2 v.

(Sl, G)

465. LUX, Sebastian
Europa in 23 Sprachen. München, Deutsche Akademie, 1946.

(B, Cr, Cz, D, Du, E, F, Fr, Gr, G, It, N, Po, Por, Ru, Rus, Ser, Sl, Sp, Sw, T, U)

466. MÁRTON, József
Német-magyar-deák lexicon. Bécs, 1823. 2 v.

467. ---- ------ Új kiad. Pest [n.d.]

468. ---- Három nyelvböl készült oskolai lexicon, vagyis szókönyv. Bécs, 1816.

(G, La)

469. MEGISERUS, Hieronymus
Thesaurus Polyglottus: vel Dictionarium multilingue: ex quaringentis circiter tam veteris, quam novi (vel potius antiquis incogniti) Orbis natium linguis, dialectis, idiotismis constans. Incredibili labore, summaque diligentia cum ex innumeris omnis generis authorum scriptis; tum vero ipsa experientia et diaturno multarum peregrinorum usu sugerente: in gratiam studiosae juventutis fideliter collectum et concinnatum. Francofurti ad Moenum, 1603.

470. ---- ------ 2. ed. 1613.

(Tabula sexta: Europae [i.e. linguae] includes Hungarian)

471. MIZSÉR, G.
Nomenclautura sex linguarum. Latinae, Italicae, Gallicae, Bohemicae, Hungaricae et Germanicae. Vienna, 1568.

(La, It, Fr, Cz, G)

472. MURMELLIUS, Johannes
        Nomenclatura trilinguis. Craccoviae, 1533.

     (G, La)

473. NOMENCLATURA seu dictionarium Latino-Germanicum ex varijs
        probatisque autoribus collecta. Nunc denuo adiectum
        idioma Hungaricum in usum discentium. Cibinij, per
        Marcum Pistorium, 1629.

     (La, G)

474. OCSKOVSZKY, János
        A gyakorló magyar, vagyis a kevés idő alatt magyarul
     beszélni kivánók számára össze szerkesztett szótár. Sza-
     kolcza, 1837. v.l.

475. ---- ------ v. 2. Nagyszombat, 1839.

476. ---- ------ 3. kiad. Nagyszombat, 1847.

     (G, Sl)

477. OUSEG, H.L.
        International dictionary in 21 languages. New York,
     Philosophical Library, 1962.

     (E, Cz, D, Du, F, Fr, G, It, Cr, N, Po, Por, Ru, Sl, Sp,
      Sw, Rus, Ser, U)

478. PALÁSTHY, G.
        Magyar, angol, francia, német zsebszótár. 1957.

     (E, Fr, G)

479. PALLAS, Peter Simon
        Sravnitel'nyo slovari vsiekh iazykov i nariechii, sob-
     rannye desnitseiu vsevysochaishei osoby. Otdielenie per'voe
     soderzhashchee v sebie evropeiskie i aziatskie iazyki.
     Chast' pervaia- [vtoraia] St. Petersburg, Pechatano, 1787-
     1789. 2 v.

     (Vol. 1, pt. 2 has added t.p.: Linguarum totius orbis voca-

bularia comp. Sectionis prima: Linguas Europae et Asiae
complexae. Includes Hungarian)

480. PARIZ PÁPAI, Ferenc
    Dictionarium Ungaro-Latino-Germanicum. Editio nova auc-
ta et amendata. Pozsony, 1801. 2 v.

    (La, G)

481. ---- ------ Cibinii, 1801. 2 v.

482. PESTHY, Gábor
    Nomenclautura sex linguarum Latinae, Italicae, Gallicae,
Bohemicae, Hungaricae et Germanicae. 4. ed. Vindobona,
H. Singriener, 1538.

483. ---- ------ Vindobona, C. Stainhofer, 1568.

    (La, It, Fr, Cz, G)

484. RED CROSS, Netherlands
    A-B-C magyar, angol, francia, holland, német, olasz,
spanyol, svéd. ɪs'Gravenhagen, 1957ɪ 127 p.

    (E, Fr, Du, G, It, Sp, Sw)

485. REJTÉNYI, József
    Latin-magyar-német-szerb iskolai zsebszótár az algymna-
siumok számára. Budapest, 1875. 187 p.

    (La, G, Ser school dictionary for the lower grades of the
    classical gymnasiums)

486. RIZNER, L'udivic
    Latinsko-slovensko-nemecko-mad'arska nomenclatura zna-
mejsich rastlin pre vlastnu potrebu in 1892 sostavena.
Martin, 1892. 450 p.

    (La, Sl, G)

487.   SCHLANDT, Henrik
        Magyar-német-román zsebszótár. 2. kiad. Brassó, 1903.

        (G, Ru)

488.   SHIMKEVICH, Fedor Spiridonovich
        Korneslov russkago iazyka sravnennago so vsiema glavniei-
        shimi slavianskimi nariechiiami i s dvadtsat'iv chetyr'mia
        inostrannymi iazykami. St. Petersburg, v tip. Imp. Aka-
        demii nauk, 1842. 2 v. in l.

        (Russian dictionary of 24 languages, includes Hungarian)

489.   SHISHKOV, Aleksandr Semenovich
        Vergleichendes Wörterbuch in zweihundert Sprachen.
        [Translated from the Russian by K.F. von G.] St. Petersburg,
        Gedruckt in der K. Russischen Akademie, 1838. 2 v. in l.

        (Includes Hungarian)

490.   SOMOGYI, Ede
        Ötnyelvü szótár. A magyar, német, angol, francia és
        olasz nyelv szótára. Budapest, Robicsek, 1895. 2 v.

        (G, E, Fr, It)

491.   ---- Vocabulary of the English, German and Hungarian
        languages. Budapest, 1896.

492.   SZAVÁRY, Antal
        Magyar, francia, angol s olasz elemi szólamok és társal-
        gási beszélgetések. Pest, 1852.

        (Fr, E, It basic conversational phrases)

493.   SZENCI MOLNÁR, Albert
        Dictionarium quadrilingue Latino-Hungarico-Graeco-Germa-
        nicum. Norimberg, 1604. 2 v.

        (La, Gr, G)

494.   ---- Lexicon Latino-Graeco-Ungaricum. Hannover, 1611.

(This is really the 2. ed. of his Latin-Hungarian dictio-
nary, with Greek added to the Latin part)

495. ---- [3. ed.] Lexicon Latino-Graeco-Ungaricum et Ungarico-
Latinum. Heidelberg, 1611.

(La, Gr)

496. ---- ------ [4. ed.] Frankfurt, 1644-1645.

497. ---- [incorrectly called 4. ed., but this is the 5th]
Dictionarium quadrilingue Latino-Ungarico-Graeco-Germani-
cum. Nürnberg, 1708.

(La, Gr, G)

498. ---- Dictionarium Ungarico-Latino-Germanicum. Nürnberg,
1708.

(La, G)

499. SZLOVÁK-CSEH-MAGYAR kéziszótár. Budapest, Lingua, 1948.
78 p.

(Sl, Cz)

500. TAGLIAVINI, Carlo
Il "Lexicon Marsilianum", dizionario latino-rumeno-unghe-
rese del sec. XVII. Bucarest, 1930. 282 p.

(La, Ru)

501. THEWREWK, József, ponori (ed.)
Dictionarium pentaglottum. Pozsony, Typ. Belnayanis,
1834.

(Reprint of Verantius Faustus' Dictionarium...see below)

502. UTASI, András
"Utasi" féle rögtönzött szójegyzék. Tartalmazza a leg-
fontosabb 1000 szót magyarul, angolul, németül és franciá-
ul. [Kufstein?] The Author, 1945. 48 p.
(E, G, Fr)

503. VERANTIUS, Faustus
    Dictionarium quinque nobilissimarum Europae linguarum
    Latinae, Italicae, Germanicae, Dalmaticae et Ungaricae
    cum vocabulis Dalmaticis quae Ungari sibi usurparunt.
    Venetia, Moretta, 1595. 117 p.

    (La, It, G, Dal)

504. VOCABULARIUM TRILINGUE pro usu scholae Cibiniensis recusum.
    Cibinii, M. Heltzdörffer, 1709.

    (La, G)

505. VOCABULARIUM Ungarico-Slavico-Latinum. Trnava, 1648.

    (Sl, La)

SUBJECT DICTIONARIES

A B B R E V I A T I O N S

506. BAKÓ, Elemér
    Hungarian abbreviations; a selective list. Washington,
Library of Congress, Slavic and Central European Division,
1961. iv, 146 p.

507. CSEHÉLY, Aladár
    Navy röviditésgyüjtemény. Budapest, 1935. 78 p.

    (Abbreviations used by the navy)

508. MORAVEK, Endre
    Abbreviaturae cyrillicae. Budapest, Országos Könyvtár-
ügyi Tanács, 1961. 138 p. (Vocabularium abbreviaturarum
bibliothecarii, 1)

    (Rus, G, E)

509. RÁNKI, Andor
    Természettudományi és müszaki röviditések, jelek, jelö-
lések. 2. kiad. Budapest, Tankönyvkiadó, 1959. 128 p.

    (Abbreviations, signs and symbols used in the natural
    sciences and technology)

A C C O U N T I N G

510. BLANÁR, Imre
    Dictionary; a lexicon of 15.946 terms used in accounting,
agriculture, banking [etc.] 1. ed. Budapest [1950]

A E R O T E C H N I C S

511. AERO-TECHNIKAI szótár. (Magyar-német és német-magyar) Buda-
pest, 1920.

AGRICULTURE

512. BITNITZ, Lajos
Gazdasági szótár. Hg. Batthyányi Fülöp uradalmainak
számára. Szombathely, 1831.

513. FUCHS, Ferenc
Teutsch-ungarisches Handwörterbuch für Herrschaftsbeamte.
Bécs, 1841.

(G)

514. MAGYARI BECK, Vladimir
Magyar-orosz mezőgazdasági szótár a kapcsolatos tudomá-
nyok és termelési ágak figyelembevételével. Budapest, Aka-
démiai Kiadó, 1953. xvi, 800 p.

(Hungarian-Russian agricultural dictionary with references
to the related sciences and branches of production.
70.000 terms)

515. ---- Orosz-magyar mezőgazdasági szótár. Budapest, Akadé-
miai Kiadó, 1951. xvi, 860 p.

(Rus) (70.000 terms)

516. SURÁNYI, János
Német-magyar mezőgazdasági szótár [irták] Surányi János
[és] Kúnffy Zoltán. Budapest, Terra, 1959. 480 p. (Kis-
szótár sorozat)

(G) (25.000 words and 5.000 derivates)

517. ---- Magyar-német mezőgazdasági szótár. Budapest, Terra,
1960. 496 p. (Kisszótár sorozat)

(G) (25.000 words and 5.000 derivates)

518. VÉGH, József
A hagyományos paraszti gazdálkodás ismeretanyaga és szó-

kincse. Budapest, Magyar Nemzeti Muzeum, 1962-   (Útmuta-
tó füzetek a néprajzi anyaggyüjtéshez, 8)

(Vocabulary of the traditional way of farming. Vol. 1:
 Plowing and sowing)

519. WEISE, W.
      Ungarische Sprachhelfer für deutsche Landwirte. 1942.

(G)

A T O M P H Y S I C S

520. SUBE, R.
      Kernphysik und Kerntechnik. Berlin, VEB Verlag, 1962.
      606, 181 p.

(G, E, Fr, Rus) (15.000 terms)

A U T O M O B I L E

521. STEINMETZ, I.
      Orosz-magyar és magyar-orosz automobil szótár. Budapest,
      1953. 483 p.

(Rus) (10.000 terms)

B I B L E

Greek

522. KISS, Jenö
      Ujszövetségi görög-magyar szótár. Daxer György kézira-
      tának felhasználásával. 2. átdolg. és bőv. kiad. Budapest,
      Református Egyetemi Konvent, 1951. 176 p.

Hebrew

523. STICHER, Simon
Héber-magyar szótár. Kitünö preparáció Mózes öt könyvé-
hez. Baja, 1862.

Latin

524. LIPTAY, György
Zsoltárkulcs. A Zsoltároskönyv szókincsének és kifeje-
zés anyagának latin-magyar gyüjteménye. Budapest, Szent
István Társulat, 1961. 602 p.

(Latin-Hungarian dictionary of the Book of Psalms)

Polyglot

525. EHRENTHEIL, Móritz
Hebräisch-ungarisch-deutsches Wörterbuch zu den 5 Bü-
chern Mosis. Pest, 1868.

(He, G)

526. KUBEK, Emil
Öszláv-magyar-ruthén-német szótár a szentirás olvasásá-
hoz. Budapest, Grill, 1906.

527. ---- ------ Ungvár, 1907. xL, 387 p.

(ChSl, U, G)

BOOK TRADE, PRINTING
AND PUBLISHING

528. LOVÁSZ, Kálmán
Nyomdaipar. Budapest, Terra, 1961. 232 p. (Müszaki

értelmező szótár, 15)

(E, G, Rus) (The printing trade. 1.800 terms)

529. PUSZTAI, Ferenc
      Nyomdászati mesterszók. Budapest, 1902.

      (E, Fr, G) (Dictionary of printing)

530. VOCABULAIRE TECHNIQUE de l'éditeur en sept langues.
      London, Ballantyn Press, 1912-1913. 2 v.

      (E, Fr, G, Du, It, Sp) (3.592 terms used in book trade and
      publishing)

531. VOCABULAIRE TECHNIQUE en sept langues. Berne, Congès Inter-
      national des Éditeurs, 1913.

      (E, Fr, G, Du, It, Sp)

                         B O T A N Y

532. ARCHIV der Vereins für siebenbürgische Landeskunde. Her-
      manstadt, 1848.

      (v.3, p.177-208: Alphabetische Zusammenstellung der sächsi-
      schen, ungarischen, wallachischen und deutschen Trivial-
      namen in Siebenbürgen wild wachsenen oder allgemein kulti-
      vierten Pflanzen)

      (Sax, Ru, G)

533. BEYTHE, István
      Stirpium nomenclator Pannonicus. Antwerpen, 1583.

534. ──── Füves könyv. (Herbarium pannonicum) Németújvár,
      1595.

      (La)

535. BENKŐ, József
     Füszéres bővebb nevezeti. Nomenclautura botanica.
Pozsony, Molnár János Magyar könyv-házában, 1783. 2 v.

536. CSEREY, Adolf
     Növénytani kifejezések betürendes ismertetése.

     (Botanical expressions in alphabetical order)

537. DIÓSZEGI, Sámuel
     Magyar füvész könyv, melly' a két Magyar hazában talál-
tatható növény neveknek megismerésére vezet. Debrecen,
1807. 2 v.

     (Hungarian herbal)

538. ---- Orvosi füvész könyv, mint a Magyar füvész könyv
praktika része. Debrecen, 1813.

     (Medical herbal as a practical supplement to the Hungarian
     herbal)

539. DIETRICH, (?)
     Plantae officinales indigenae linguis Hungaria vernacu-
lis deductae. Buda, 1835.

540. GRAUMAN, A.
     A magyar növény nevek szótára különös figyelemmel a né-
pies kifejezésekre; a német és botanikus elnevezések hozzá-
csatolásával. Erfurt, 1909.

     (La, G)

541. KÁNITZ, A
     Versuch einer Geschichte der ungarischen Botanik. Halle,
1865.

     (p. 3-12: rare Hungarian plant-names)

542. KOVÁCS, Mihály
     Háromnyelvü szótár. Buda, 1845-1847. 8 pts.

     (Trilingual dictionary. Vol. 1-2:Botany, v. 3: Mineralogy,

v. 4:Chemistry, v. 5: Pharmacology, v. 6: Zoology, v. 7: A-
natomy and v. 8: Medicine.

(La, G)

543. LÁNG, (?)
      Enumeratio plantarium in Hungaria lectarum. Pest, 1822.

(La)

544. LEJTÉNYI, Sándor
      Növényszótár a középiskolai tanuló ifjúság számára.
      Arad, 1905. (Iskolai zsebszótár, 4-5)

(La) (Plant-dictionary for students)

545. MENTZEL, Keresztély
      Index nominum plantarum universalis. Berlin, 1682.

(Includes also Hungarian plant-names)

546. NÖVÉNYNEVEK latin-magyar szótára a kolozsvári ref. Collé-
      gium Franciscus Grapaldus: De partibus aedium, Parma,
      1516 c. könyvébe beirva.

(Latin-Hungarian dictionary of plant names from the first
part of the XVI. century, written into F. Grapaldus book,
entitled De partibus aedium, located in the Reformed Col-
lege of Kolozsvár. Has been edited and published by K.
Viski in "Magyar nyelvör", XXXIV, p. 200-203, 1905)

547. SADLER, Ernst
      Verzeichnis der um Pest und Ofen wildwachsene Gewächse.
      Pest, Hartleben, 1818. vi, 79 p.

(G)

548. SCHUSTER, János Konstantin
      Terminologia botanica. Buda, 1815.

(La)

549. VAJDA, Péter
Növénytudomány. Magyar-latin füvésznyelv és rendszer-
isme. Pest, 1836.

(La)

550. ZAVIRA, K. János
Nomenclautura botanica quadrilingua. Pest, 1787.

(Gr, MGr, La)

C A R D   G A M E S

551. PARLAGHY, Kálmán
Kártyajátékok könyve. Kártya-műszavak szótárával.
2. kiad. Budapest [1905]

(Book of card games with dictionary)

C A R P E N T R Y

552. Az ASZTALOS MESTERSÉG szótára. Kecskemét [1904?]

C H E M I S T R Y

553. CSŰRÖS, Zoltán
Kémia. Budapest, Terra, 1962. 403 p. (Műszaki értel-
mező szótár, 17-18)

(E, G, Rus) (1.200 terms)

554. SADEBECK, Móric
A vegytan alapvonalai. Magyarra forditotta és vegymű-
szótárral bővité K.S. Pest, 1843.

555. SCHULEK, A.
Vegytani készitmények. Forditotta és vegytani műszótár-
ral bővitette Donogány Jakab. Pest, 1851.

C H U R C H

556. EGYHÁZI ANYAKÖNYVEK és belőlükteendő kivonatok magyar pél-
dányai...latin-magyar és német-magyar zsebszótárral.
Nagyszombat, 1843.

(La, G) (Church registers)

557. GYARMATHY, Chrysoston János
Közhasznu műszótár és egyházi tiszti irásmód. Buda,
1845.

(General church dictionary and style manual)

558. LIKVÁNDI, Zozimus
Specimen vocabolarii theologico-canonistici Latino-Hun-
garicum ad usum iunioris cleri. Deák és magyar theologiai
s egyház-törvényi szó-tárnak próbatétele. A fiatal papság
hasznára. Pozsony, 1802.

559. ---- ------ Pest, 1802.

(La)

560. NAGY, László, peretsényi
Értekezés azon deákból magyar nyelvre forditott szavak
iránt, mellyek az egyházi és világi hivataloknak, valamint
a kormány, törvény és birálló-székeknél előfordult állapo-
toknak honnyi szóejtéssel való szervezését tárgyozzák.
Nagyvárad, 1806.

(An essay onfrom Latin to Hungarian translated words,which
would be used by church and lay-offices, also by the go-
vernment and judiciary)

561. NAGY, Nepomuk János
Hierolexicon polymaticum Latino-Hungaricum. 1845.

C I V I L   E N G .

562.   PALOTÁS, László
       Épitőanyagok. Budapest, Terra ₍1958₎ 174 p. (Müszaki
       értelmező szótár,1)

       (E, G, Rus) (Building materials, 1.200 terms)

563.   ---- Müszaki mechanika. Budapest, Terra, 1959. 167 p.
       (Müszaki értelmező szótár, 4)

       (E, G, Rus) (Technical mechanics, 1.200 terms)

564.   ---- Tartószerkezetek. Budapest, Terra, 1961. 190 p.
       (Müszaki értelmező szótár, 14)

       (E, G, Rus) (Structures, 1.450 terms)

C O M M E R C E

565.   BALASSA, József
       Kereskedelmi zsebszótár. Kereskedelmi középiskolák és
       akadémiák használatára. Német-magyar és magyar-német rész.
       Székesfehérvár, 1889. 2 v.

       (G) (Dictionary of commerce for schools and academies of
        commerce)

566.   ---- ------ Budapest, 1892.

       (G)

567.   BALLAGI, Mór
       Német-magyar és magyar-német kereskedelmi szótár. Buda-
       pest, 1887. 2 v.

       (G)

568. BERNOLÁK, Imre
     Magyar-angol, angol-magyar kereskedelmi és mezőgazdasá-
     gi szótár. Budapest, 1948.

     (E)

569. BETŰSOROS ÁRULAJSTROM a vámtarifához. Az 1878:XXI. tör-
     vénycikkbe foglalt vámtarifához kibocsájtott lajstrom
     alapján a földmivelés-, ipar- és kereskedelemügyi mi-
     nisztériumban készült magyar-német és német-magyar kia-
     dás. Budapest, 1879. 2 v.

     (G) (Alphabetical list of commodities to the customs-ta-
     riffs)

570. BETŰSOROS ÁRULAJSTROM az osztrák-magyar vámterület általá-
     nos vámtarifájához. Budapest, 1879.

     (List of commodities to the tariffs of the Austrian-Hunga-
     rian customs-zone)

571. FOGARASI, János
     Kereskedői szótár magyar és német nyelven. Egy tolda-
     lékkal a legnevezetesebb pénzfajokrúl. Pest, 1843.

     (G) (Dictionary of commerce with an appendix of the most
     important coins and bills)

572. FROMMER, Rudolf
     Magyar-német és német magyar tőzsdei zsebszótár. Buda-
     pest, 1896.

     (G) (Dictionary of stock-exchange terms)

573. HARMAT, Mór
     A magyar és német kereskedelmi levelezés szókincse és
     szólásmódjai. Magyar-német rész. Nagyvárad, 1906.

574. ---- ------ Német-magyar rész. Budapest, 1913.

     (G) (Vocabulary and phrase-book of commercial correspon-
     dence)

575. KOLPAKOV, Boris T.
     Eksportno-importnii slovar. Moskva, 1952-1954. 3 v.

     (A, B, G, Po, F, Fr, Cz, E, Sp, Ru, Rus) (3.000 terms and
     expressions)

576. KOVÁTS, S. János
     Magyar-francia kereskedelmi szótár. 2. kiad. Budapest,
     1905.

     (Fr)

577. MAGYAR-ANGOL külkereskedelmi szótár. Budapest, Közgazda-
     sági és Jogi Könyvkiadó, 1959. 195 p.

     (E) (Foreign trade)

578. MAGYAR KIR. KÖZPONTI STATISZTIKAI HIVATAL
     Magyar-német betüsoros árúlajstrom. Budapest, 1900.

     (G) (Alphabetical list of commodities)

579. PESTI KERESKEDŐI TESTÜLET
     Német-magyar kereskedelmi müszótár a könyvvitel, váltó-
     üzlet és levelezés körében. Pest, 1864.

     (G) (Dictionary of commerce, bookkeeping, bills of exchange
     and correspondence)

580. PICK, Dávid
     Kaufmännische Terminologie mit deutscher und ungarischer
     Erklärung. Pápa, 1848.

     (G)

581. SALUSINSZKY, István [et al.]
     Magyar-orosz külkereskedelmi szótár. Budapest, Közgaz-
     dasági és Jogi Könyvkiadó, 1959. 124 p.

     (Rus) (Foreign trade)

582. SZILÁGYI, M.
    Commodity dictionary in five languages. Budapest, Közgazdasági és Jogi Könyvkiadó, 1963. 350 p.

(E, Fr, G, Rus)

583. VEJES, István
    Angol-magyar külkereskedelmi szótár. Budapest, Közgazdasági és Jogi Könyvkiadó, 1963. 558 p.

(E) (Foreign trade)

584. VERBENYI, L.
    Magyar-német külkereskedelmi szótár. Budapest, Közgazdasági és Jogi Könyvkiadó, 1960. 279 p.

(G) (Foreign trade)

C O M P A R A T I V E   P H I L O L O G Y

585. BÁLINT, Gábor
    Párhuzam a magyar és mongol nyelv terén. Budapest, 1877.

(Parallelism of Hungarian and Mongol languages)

586. BUDENZ, Josef
    Magyar-ugor összehasonlitó szótár. Budapest, Magyar Tudományos Akadémia, 1873-1881. xviii, 885 p.

(Comparative dictionary of the Hungarian and Ugrian languages)

587. ---- Magyar-ugor szótárhoz való útmutató. Budapest, 1881. 98 p.

(Index to the Hungarian-Ugrian dictionary)

588. SAJNOVITS, János
    Demonstratio idioma Ungarorum et Lapporum idem esse. København, 1770.

(Lap)

589. THURY, József
Magyar-török összehasonlitó szótár.

(T)

590. VÁMBÉRY, Ármin
Magyar-török összehasonlitó szótár. Budapest, 1914.

(T) (Pt. 2. of the "A magyarság bölcsöjénél)

C O N T R O L   E N G .

591. FRIGYES, Andor
Irányitástechnika. Budapest, Terra, 1962. 135 p.
(Müszaki értelmezö szótár, 19)

(E, G, Rus)

C O O K E R Y

592. GLÜCK, Frigyes
Az inyesmesterség könyve. Budapest, 1889.

(Pt. 1: Dictionary; pt. 2: Lexicon)

593. HUTAS, Magdolna
Az ételkészités müvészetének és eszközeinek nyelvi ki-
fejezései legrégibb szakácskönyvünkben. Budapest, Magyar
Nyelvtudományi Társaság, 1958. 78 p. (Magyar Nyelvtudomá-
nyi Társaság kiadványai, 101)

(Glossary of expressions of food preparation and names of
utensils from the oldest Hungarian cook-book)

594. MARENCHICH, Ottó
Négynyelvü ételszótár. 2. kiad. Budapest, Közgazdasági
és Jogi Könyvkiadó, 1961. 219 p.

(E, Fr, G) (Dictionary of meals and dishes)

DIALECTS

595. BÁLINT, Sándor
Szegedi szótár. Budapest, Akadémiai Kiadó, 1957. 2 v.

(Dictionary of the dialect of Szeged)

596. CSŰRY, Béla
Szamosháti szótár. Budapest, 1935. 2 v.

(Dictionary of the Szamoshát-dialect)

597. GÁSPÁR, J.
Magyar tájszótár.

(Dictionary of the Hungarian dialects)

598. GÁTHY, János
Szatmár vidéki szavak. (Tudományos gyüjtés, 10)

(Dialect words of Szatmár county)

599. GOMBÓCZ, Zoltán
Pótlékok a Magyar Tájszótárhoz. Budapest, Magyar Nyelv-
tudományi Társaság, 1910. (Magyar Nyelvtudományi Társaság
kiadványai, 11)

(Supplements to the Hungarian dialects-dictionary)

600. JEREMIÁS, Sámuel
Baranyai szótár-pótlék. 1928. (Tudományos gyüjtés, 10)

(Supplement to the dialect-dictionary of Baranya county)

601. KERESZTES, Kálmán
Ormánysági szótár, Kiss Géza szótári hagyatékából. Buda-
pest, Akadémiai Kiadó, 1952. xiii, 611 p. illus.

(Dictionary of the dialect of the region of Ormánság from
the lexicological legacy of G. Kiss)

602. LÉVAY, László
Vas Vármegye kemenesaljai magyar szótár. 1829. (Tudo-
mányos gyüjtés, 11)

(Dictionary of the dialect of Kemenesalja in Vas county)

603. ---- Vas Vármegye kemenesaljai magyar szótár-pótlék. 1831.
(Tudományos gyüjtés, 7)

(Supplement to 602)

604. MAGYAR TUDOMÁNYOS AKADÉMIA, Budapest
Magyar tájszótár. Buda, Magyar Királyi Egyetemi Nyomda,
1838. 397 p.

(Dictionary of the Hungarian dialects)

605. MINDSZENTI, (?)
Bodrogközi szóknak feljegyzése és magyarázatja. 1831.
(Tudományos gyüjtés, 7)

(Registration and explanation of dialect words from Bodrog-
köz region)

606. PESTI NAPLÓ
A pesti tájszólás kis szótára. A helyszinen eszközölt
gyüjtés alapján összeállitotta egy pesti bennszülött.

(Dictionary of the dialect of Budapest. Christmas supple-
ment of the Pesti Napló, 1904)

607. PLÁNDER, Ferenc
Zala vármegyei göcsei szóejtés és annak némely különös
szavai. 1832. (Tudományos gyüjtés, 3)

(Some special words of the Göcsei dialect in Zala county)

608. PRAY, György
Dissertationes historico-criticae in annales veteres
Hunnorum, Avarorum et Hungarorum. 1775.

(Includes the first collection of dialect words)

609.   SZABÓ, István
         A Karacs vidéki palócz nyelv. 1837. (Tudományos gyűj-
         tés, 1)

         (The "palóc" dialect of Karacs region)

610.   SZINNYEI, József
         Magyar tájszótár. Budapest, 1893-1901. 2 v.

         (Dictionary of Hungarian dialects)

611.   TOBI, Antal
         Baranyai szótár. 1826. (Tudományos gyűjtés, 2)

         (Dialect-dictionary of Baranya county)

612.   WICHMANN, Yrjö Jooseppi
         Wörterbuch des ungarischen Moldauer Nord-Csángó- und
         Hétfaluer Csángó dialektes. Helsinki, Suomalais-ugrilainen
         Seŭra, 1936. xv, 219 p. (Lexica Societatis Fenno-Ugoricae,
         4)

                    E L E C T R I C A L   E N G .

613.   KOVÁCS, K.P.
         Általános elektrótechnika. Budapest, Terra, 1958.
         236 p. (Műszaki értelmező szótár, 2)

         (E, G, Rus) (General electrotechnics, 1.300 terms)

614.   ____ Villamos gépek. Budapest, Terra, 1959. 164 p.
         (Műszaki értelmező szótár, 5)

         (E, G, Rus) (Electromotors, 1.000 terms)

615.   SZENDY, Károly
         Villamos művek. Budapest, Terra, 1960. 235 p. (Mű-
         szaki értelmező szótár, 9)

         (E, G, Rus) (Electric plants, 1.700 terms)

ETYMOLOGY

616. BÁRCZI, Géza
Szófejtö szótár. Budapest, Magyar Kir. Egyetemi Nyomda,
1941. 371 p.

617. DANKOVSZKY, G.
Magyaricae linguae lexicon critico-etymologicum.
Posznej, 1830.

618. GÁLDI, László (ed.)
Kassai József magyar-diák szókönyvének 1815 körül szer-
kesztett befejezö része a Toldalékkal. Budapest, Akadémiai
Kiadó, 1962. 328 p.

(The completing part and supplement to J. Kassai's Hunga-
rian-Latin etymological dictionary, compiled around 1815)

619. GOMBÓCZ, Zoltán
Magyar etymologiai szótár. Lexicon critico-etymologi-
cum linguae hungaricae. Budapest, Magyar Tudományos Aka-
démia, 1927. 4 v.

620. KASSAI, József
Származtató és gyökerészö magyar-diák szó-könyv. Pest,
1833-1836. 5 pts. in 2 v.

(Hungarian-Latin etymological dictionary)

621. MAGYAR TUDOMÁNYOS AKADÉMIA, Budapest. Nyelvtudományi In-
tézet
A magyar nyelv értelmezö szótára. Szer. Bárczi Géza
[et al.]. Budapest, Akadémiai Kiadó, 1959-1962. 7 v.

622. PODHORSZKY, Ludwig
Etymologische Wörterbuch der ungarischen Sprache, ge-
netisch aus chinesischen Wurzeln und Stämmen erklärt.
Paris, Maisonneuve, 1877. 344 p.

623. RÁKOSY, A.
     Spezielles Wörterbuch sämtliches magyarischen Zeitwörter
kritisch erlautert und richtiggestellt. Budapest, 1881.

F I N E   A R T S

624. KÚN, Imre
     Müvészeti szótár. Budapest, 1920.

F I N E   M E C H A N I C S
AND   O P T I C S

625. BÁRÁNY, Nándor
     Finommechanika, optika. Budapest, Terra, 1961. 214 p.
(Müszaki értelmezö szótár, 16)

     (E, G, Rus) (1.700 terms)

F I S H E R Y

626. HERMAN, Ottó
     A magyar halászat könyve. Budapest, 1887. 2 v.

     (v. 2: Dictionary of fishing terms)

F O R E I G N   W O R D S

627. BABOS, Kálmán
     Közhasznú magyarázó szótár a leggyakrabban elöforduló
idegen szavak megértéséhez és helyes kiejtéséhez. 4. kiad.
Pest, 1899.

     (Useful, interpretive dictionary of foreign words with the
     correct pronounciation)

628. BAKOS, Ferenc
      Idegen szavak kéziszótára. [Új bőv. kiad.] Budapest,
      Kossuth, 1961. 611 p.

629. ---- ------ 3. kiad. Budapest, Terra, 1963. 784 p.

630. BARTA, Mór
      Etymológiai csevegések. Népszerű nyelvészeti cikkek.
      Losonc, 1914.

      (Etymological chats; an interpretive and etymological
      dictionary of foreign words)

631. BUDAPESTI HIRLAP
      Kincses kalendárium, 1900. Budapest [1899?]

      (p. 330-360: collection of foreign words)

632. BUDAY, Barna
      A "Köztelek" szótára. A szakirodalomban leggyakrabban
      használt idegen szavak, helytelen kifelyezések és ezek
      megfelelői. Budapest, 1917.

      (The most often used foreign words, incorrect expressions
      and their Hungarian equivalents)

633. ENDREI, Ákos
      Idegen szavak szótára. Budapest, 1919.

634. FINÁLY, Henrik
      Hogy is mondják ezt magyarul? Budapest, Magyar Tudomá-
      nyos Akadémia, 1888. 296 p.

      (How should it be said in Hungarian?)

635. FORSTINGER, János
      Idegen szavakat magyarázó kézikönyv. 2. kiad. Pest,
      1862.

      (Interpretive dictionary of foreign words)

636. FÜREDI, Ignác
     Közhasznú idegen szótár, a szó-származás és kiejtés meg-
     jelölésével. Budapest, 1891. 233 p.

     (Etymological dictionary of foreign words with the correct
     pronounciation)

637. HOROVITZ, Jenő
     Idegen szavak magyarázata. 6. kiad. Budapest, Népszava
     [1948] 493 p.

     (Explanatory dictionary of foreign words)

638. IDEGEN SZAVAK szótára. Budapest [1909?] (Közhasznú könyv-
     tár, 28-29)

639. IDEGEN SZAVAK szótára. Toronto, Kanadai Magyar Könyvkiadó
     [n.d.] 244 p.

640. IDEGEN SZAVAK tára. 2. kiad. Pest, 1854.

     (Collection of foreign words)

641. IDEGEN SZÓTÁR. A társalgási és tudományos nyelvben, vala-
     mint a honi hirlapokban előforduló idegen szavak magyari-
     tása és helyes kiejtésre vezérlő segédkönyv. Pest, 1846.

     (Magyarization of foreign words occuring in conversations,
     in scientific language and in home newspapers, also a hand-
     book of their correct pronounciation)

642. KALMÁR, Elek
     Magyaritó szótár a fölösleges idegen szók kerülésére.
     Budapest, 1899.

     (Magyarizing dictionary to avoid the unnecessary foreign
     words)

643. KAZINCZY, Ferenc
     Bácsmegyeynek öszveszedett levelei. - Kassa, 1789.

     (At end: "Magyarázatja az esmeretlenebb szóknak", explana-
     tion of foreign and seldom-used words)

644. KELEMEN, Béla
      Idegen szavak és nevek szótára. 3. kiad. Budapest,
      1920.

      (Dictionary of foreign words and names)

645. KÖNNYE, Nándor
      Idegen-magyar zsebszótár. Székesfehérvár, 1895.

646. KOVÁTS, Sándor
      Idegen szavak szótára. Pécs, Pannonia, 1946. 106 p.

647. KÚNOSS, Endre
      Gyalulat, vagy is megmagyarositott jegyzéke azon idegen
      szavaknak, mellyek különféle nyelvekbűl kölcsönöztetvén, a
      magyar beszédben és irásban korcsositva vagy eredeti kép
      használtatnak. Pest, 1835.

      (List of foreign words, which are being used both in origi-
      nal and in hybrid forms)

648. PRÉM, József
      Idegen szavak szótára. A nagyközönség számára. Buda-
      pest ₍1909₎

      (Dictionary of foreign words for the general public)

649. RADÓ, Antal
      Idegen szavak szótára. 6. kiad. Budapest, 1921.

650. SÁNDOR, K.
      Idegen szavak marxista magyarázatokkal. Budapest, Szik-
      ra, 1948. 207 p.

      (Foreign words with Marxist explanations)

651. TERÉNYI, István
      Idegen szavak szótára. 2. kiad. Budapest, Szikra, 1952.
      454 p.

652. TOLDY, Géza
      Szerecsenyszótár. Müvelt közönségünktől helytelenül

használt vendégszavak gyüjteménye. Böv. és helyebbitett
kiad. Budapest, 1910.

(Dictionary of incorrectly used foreign words)

653. TOLNAI, Vilmos
      Magyarositó szótár a szükségtelen idegen szavak elkerü-
      lésére. Budapest, 1900.

(Magyarizing dictionary to avoid unnecessary foreign words)

FORESTRY

654. DIVALD, Adolf
      Magyar-német és német-magyar erdészeti szótár. Pest,
      1868.

655. JONESCU, A.
      Dictionar tecnik silvic. Bucarest, 1936. 312 p.

(E, Fr, G, It, Ru, Rus)

GEODESICS

656. RÉDEY, István
      Általános geodézia. Budapest, Terra, 1961. 216 p.

(E, G, Rus) (General geodesics)

GEOGRAPHY

657. ASTARIAS (kleines) Orts-lexikon der Österreichisch-unga-
      rischen Monarchie nach der Zählung von 1890. Wien,
      Astaria, 1893. vii, 79 p.

658. CSONKA-MAGYARORSZÁG közigazgatási helységnévtára. Budapest,
Hornyánszky, 19--.

(Administrative gazetteer of Hungary between the two wars)

659. FÉNYES, Elek
Magyarország geográfiai szótára, mellyben minden város,
falú és puszta betürendben körülményesen leiratik. Pest,
1851. 4 v.

(Geographical dictionary of Hungary)

660. FIOSHINA, G.I.
Magyar-orosz geográfiai és geologiai szótár. Budapest,
Terra, 1960. 259 p.

(Rus) (18.000 terms)

661. ---- Vengersko-russki geologo-geograficheski slovar.
Moskva, Fiz-mat-giz, 1960. 259 p.

(Rus)

662. INDEX OMNIUM quae in Hungariae mappa novissime edita repe-
riuntur locorum, fluvium, montium etc. Register aller
in den jüngst herausgegebenen neuen ungarischen Landkar-
ten befindeten Oerten, Flüsse, Berge [usw.] Wien, 1710.

(G)

663. KIRÁLY, Rezső
Nomi ed aggettivi geografici. Budapest, 1931. 32 p.
(Biblioteca ungherese italiana, fasc. 4)

(It)

664. KORABINSZKY, János
Geographisch-historisches und Produkte Lexikon von Un-
garn. Pressburg, 1786.

(G)

665. MAGYAR, Mihály
    Magyarország, nemkülömben Erdély, Horvát és Tótország,
    Temesi Bánság és Szerb Vajdaság helységnévtára. Pest, 1854.

    (Gazetteer of the Kingdom of Hungary. Vol. 1 only)

666. ORSZÁGOS MAGYAR STATISZTIKAI HIVATAL, Budapest
    A Magyar Szent Korona országainak helységnévtára. Buda-
    pest, 1888-1913.

    (G) (Gazetteer of Lands of the Holy Crown. For years 1902,
    1907, 1913 only in Hungarian)

667. ---- Magyarország helységnévtára. Budapest, 1941-

    (Gazetteer of Hungary)

668. PÁNIK, Mihály
    Magyar-tót szótár Láng Mihály földrajzához. Budapest,
    1888. 43 p.

    (Sl) (Dictionary to M. Láng's geography book)

669. l'UNGHERIA compendiata. ₍Venice, 1687?₎ 170 p.

    (It)

670. U.S. OFFICE OF GEOGRAPHY
    Hungary; official standard names approved by the U.S.
    Board on Geographical Names. Washington, Government Prin-
    ting Office, 1961. iv, 301 p.

    (E)

                          H E R A L D R Y

671. BÁRCZAY, Oszkár
    A heraldika kézikönyve. Műszótárral. Budapest, 1897.

    (Handbook of heraldry with dictionary)

HERDING

672. HERMAN, Ottó
A magyarok nagy ősfoglalkozása. A magyar pásztorok nyelvkincse. Budapest, 1914.

(Vocabulary of the Hungarian herdsmen)

673. NAGY CZIROK, László
Budár tüzek mellett. Kiskúnsági anekdóták és népi alakok. Budapest, Gondolat, 1963. 299 p. illus.

(Explanation of words of herding p. 291-296)

674. ---- Pásztorélet a Kiskúnságon. Budapest, Gondolat, 1959. 383 p. illus.

(Word-explanation p. 355-382)

HUNTING

675. BÉRCZY, Károly
Magyar-német és német-magyar vadász műszótár. Pest, 1860.

(G) (At end glossary of horseracing terms)

676. HÖNIG, István
Vadászati műszótár. Budapest, Országos Magyar Vadászati Védegylet, 1889.

677. MAGYAR-NÉMET és német-magyar vadászmüszótár. Irta egy öreg vadász. Budapest, 1875. 118 p.
(G)

677. PÁK, Dienes
Vadászattudomány. Buda, 1829. 2 v.

(Hunter's dictionary at end of v. 2)

HYDRAULICS

678. MOSONYI, Emil
    Hidraulika és műszaki hidrologia. Budapest, Terra,
    1959. 156 p. (Műszaki értelmező szótár, 3)

    (E, G, Rus) (Hydraulics and technical hydrology, 1.200
    terms)

679. ---- Vizierőművek és viziutak. Budapest, Terra, 1960.
    (Műszaki értelmező szótár, 6)

    (E, G, Rus) (Water power plants and waterways. 1.200
    terms)

680. VARGA, József
    Vizierőművek, robbanó motorok. Budapest, Terra, 1962.
    138 p. (Műszaki értelmező szótár, 20)

    (E, G, Rus) (Water power plants and combustion engines,
    1.400 terms)

INCORRECTNESS

681. FÜREDI, Ignác
    Magyar nyelvhibák javitó és magyarázó szótára. 2. kiad.
    Budapest, 1903.

    (Corrective and interpretive dictionary of linguistic in-
    correctness)

682. ---- Magyartalanságok betűrendben. Budapest, 1882.

    (Incorrectnesses in alphabetical order)

683. ---- Új magyartalanságok betűrendben. Budapest, 1882.

    (New incorrectnesses in alphabetical order)

684. SIMONYI, Zsigmond
Antibarbarus. Az idegenszerű és egyéb hibás szavaknak
és szerkezeteknek betűrendes jegyzéke. Budapest, 1879.

(Alphabetical list of incorrectnesses and foreign-sounding
syntaxes)

685. ---- A helyes magyarság szótára. A hibás kifejezések, a
kerülendő idegen szók s a helyesirási kétségek jegyzéke.
Budapest, 1914.

(List of incorrect expressions, avoidable foreign words
and orthographic doubts)

686. SZIGETI, József
Kerüljük a germanizmust. Magyaros szerkesztésre vezető
német-magyar betűrendes szólásgyüjtemény. Budapest, 1897.

(To avoid Germanisms. Alphabetical German-Hungarian collec-
tion of expressions to help in composition)

687. VUTKOVICH, Sándor
Kisded szótár. A nyelvünkben lábrakapott magyartalansá-
goknak és egyéb hibás kifejezéseknek betűrendes jegyzéke.
Pozsony, 1882.

(Alphabetical list of incorrectnesses and incorrect ex-
pressions)

688. ---- Magyartalanságok. Pozsony, 1899.

(Incorrectnesses)

I N S U R A N C E

689. GÁBOR, E.
Magyar-német és német-magyar életbiztositási szakszótár.
1938.

(G)

690. LE CHARTIER, E
Dictionnaire international des assurances en dix langues.
Paris, L'Avenir Economique, 1900.

(Fr, Du, E, G, It, Por, Rus, Sp, Sw)

L A N G U A G E   H I S T O R Y

691. BALLAGI, Aladár
Régi magyar nyelvünk és a nyelvtörténeti szótár. Buda-
pest, 1904-1911. 2 v.

(The old Hungarian language and the language-historical
dictionary. Vol. 1 only in two parts)

692. FINÁLY, Henrik (ed.)
Besztercei szószedet. Latin-magyar nyelvemlék a XV.
századból. Budapest, Magyar Tudományos Akadémia, 1892.
92 p. facsims. (Magyar Tudományos Akadémia. Értekezések
a nyelv- és széptudomány köréből, XVI, 1)

(The glossary of Beszterce. Latin-Hungarian literary mo-
nument from the XVth century, includes 1.316 words)

693. JENEY, János
Thesaurus linguae Hungaricae ex epocha Arpadianorum.
Pest, 1854. 2 v.

694. MÁTYÁS, Flórián
Magyar nyelvtörténeti szótár kisérlet. Pest, 1868-1871.
3 v.

695. MELICH, János
A Gyöngyösi latin-magyar szótártöredék. Budapest,
Magyar Tudományos Akadémia, 1898.

(Latin-Hungarian dictionary fragment of Gyöngyös)

696. SZABÓ, T. Attila (ed.)
A marosvásárhelyi sorok és glosszák. Budapest, Magyar

Nyelvtudományi Társaság, 1958. 28 p. (Nyelvtudományi Köz-
lemények, 97)

(Glossary of Marosvásárhely)

697. SZAMOTA, István
Magyar oklevélszótár. Lexicon vocabulorum hungaricorum
in diplomatibus aliisque scriptis quae reperiri possunt
vetustorum. Budapest, 1902-1906. xxxi, 1210 col.

(Hungarian diploma-dictionary. Supplement to "Lexicon
linguae Hungaricae aevi antiquioris")

698. ---- A Schlägel-i magyar szójegyzék a XV. század elsö felé-
böl. Budapest, 1894. 111 p. facsims.

(The wordlist of Schlägel from the first part of the XVth
century)

699. SZARVAS, Gábor
Magyar nyelvtörténeti szótár a legrégibb nyelvemlékektöl
a nyelvújitásig. Lexicon linguae Hungaricae aevi antiqui-
oris. Budapest, Magyar Tudományos Akadémia, 1890-1893.
3 v.

(Language-historical dictionary from the earliest literary
monuments to the language reform)

700. SZILÁRDY, Áron (ed.)
Sermones Dominicales. Két XV. századból származó magyar
glosszás latin codex. Budapest, Magyar Tudományos Akadémia,
1910. 2 v.

(Two Latin codices from the XVth century with Hungarian
glosses)

701. TOLDY, Ferenc (ed.)
A debreceni legendáskönyv a Krisztina-legendával együtt.
Régi Codexekböl, bevezetéssel és szótárakkal. Pest, 1858.
xx, 212 p.

(The Book of legends of Debrecen with the Christina-legend
from old codices with introduction and dictionaries)

702. ---- Nádor codex. A pesti egyetemi könyv eredetiéből be-
vezetéssel és szótárral. Buda, Egyetemi Nyomda, 1857.

(The so-called "Nádor" codice with dictionary)

L A W

703. CSÁSZÁR, Ferenc
Váltójogi műszótár. Buda, 1840.

(Dictionary, concerning the law of the bill of exchange)

704. FAJNOR, Vladimir
Právnický terminologický slovnik. Martin, 1921-1923.
2 v.

(Sl)

705. ---- ------ ₍2. ed.₎ Bratislava, 1925.

(Vol. 1 only)

706. FOGARASI, János
Diák-magyar műszókönyv a magyarhoni törvény és ország-
tudománybul. Pest, 1833.

(La) (Dictionary of law and public administration)

707. ---- ₍2. kiad.₎ Műszókönyv a magyarhoni törvény és or-
szágtudománybul. Pest, 1835.

708. ---- 3. kiad. Jogtani műszókönyv. Pest, 1842.

709. KARCSAY, Sándor
Német-magyar jogi és államigazgatási szótár. Budapest,
Terra, 1960. xvi, 552 p.

(G) (22.000 terms and 30.000 derivatives)

710. ———— Magyar-német jogi és államigazgatási szótár. Budapest, Terra, 1963. 526 p.

(G) (15.000 terms and 60.000 derivates)

711. LATIN-MAGYAR törvénykezési műszótár. Kolozsvár, 1843.

(La) (Dictionary of juridical terms)

712. MAGYAR jogi lexikon. Budapest, 1898-1907. 6 v.

(Hungarian law lexicon)

713. MAGYAR törvénykezési szótár. Pest, Felsőbb engedelem mellett kiadta Trattner Károly, 1837.

(Dictionary of juridical terms)

714. MAGYAR TUDOMÁNYOS AKADÉMIA, Budapest
Törvénytudományi műszótár. 2. kiad. Pest, 1847.

715. NÉVAI, László
Orosz-magyar jogi és államigazgatási szakszótár. Budapest, Közgazdasági és Jogi Könyvkiadó, 1951. 528 p.

(Rus) (Dictionary of law and public administration)

716. PÁPAY, Sámuel
Észrevételek a magyar nyelvnek a polgári igazgatásra alkalmaztatásáról; az odatartozó kifejezések gyűjteményével, mellyeket a haza eleibe terjeszt Veszprém vármegye. Veszprém, 1807.

(Includes a collection of terms used by public administration)

717. PAULETIG , Lajos
Magyar-olasz jogi műszótár. Dizionario giuridico ungherese-italiano. Fiume, Minerva, 1912. 307 p.

(It)

718. PAULY, Károly
       Magyar tiszti irásmód a polgári igazgatás és törvénykezés szótárával. Buda, 1827.

       (Administrative style manual with a juridical dictionary
       including terms of public administration)

719. ━━━ Polgári és pörös szótár. Buda, 1827.

       (Dictionary of civil law and procedure)

720. PÉCHY, Imre
       A magyar nyelvről a polgári és peres dolgok folytatásában. Pest, 1806.

       (Includes many Hungarian legal terms but not in alphabetical order)

721. PUKY, Károly
       Honni törvény szótár. 2. kiad. Pozsony, 1831.

721. RÁTH, György
       Német-magyar és magyar-német műszótára az új törvényhozásnak. Pest, 1853-1854. 2 v.

       (G)

722. RÉVÉSZ, Vilmos
       Jogi műszótár. Magyar-német rész. 2. kiad. Budapest, 1926.

       (G)

723. SCHWARTZ, Izidor
       Jogi műszótár. Magyar-német rész. Budapest, 1908.

       (G)

724. SŐMJÉN, Géza
       Dictionnaire hongrois-français des expressions juridiques, administratives, commerciéres et financiéres.
       Budapest, Hornyánszky, 1910. vii, 399 p.

       (Fr)

725. STODOLA, Emil
Návrh slovenského pravneho názvoslovia, mad'arsko-slovenská právnička terminologia. Martin, 1919. 108 p.

(Sl)

726. SZIRMAY, Antal
Magyarázattya azon szóknak, mellyek a magyarországi polgári s törvényes dolgokban előfordulnak. Sive Glossarium vocum in politicis ac juridicis negotiis. Kassa, 1806.

727. SZLADITS, Károly
Angol-magyar és magyar-angol jogi, kereskedelmi és pénzügyi szakszótár a leggyakrabban előforduló angolnyelvű szerződés és levélmintákkal. Budapest, Egyetemi Nyomda, 1946. 398 p.

(E) (Dictionary of juridical, commercial and financial terms with samples of contracts and correspondence)

728. SZROGH, Sámuel
Tekintetes nemes Borsod vármegyének...ajánlja. Pest, 1806.

(Brief presented to the County of Borsod. P. 13-26: Terms and expressions suggested to be used by the judicature)

729. THEWREWK, József, ponori (ed.)
Werbőczy István diák műszavai régi magyaritásokkal. Pozsony, 1844.

(La) (Latin legal terms used by I. Werbőczy with their old Hungarian equivalents)

730. TÖRVÉNYKEZÉSI ÉS TISZTI szótár. A tekintetes tiszántúli kerületi kir. Tábla helybehagyásával kiadatott. Debrecen, 1837.

(Dictionary of juridical and administrative terms)

731. VÁMBÉRY, Rusztem
        Magyar-német jogi szótár. Budapest, 1899.

      (G)

732. WERBÖCZY, István
        Decretum iuris consuetudinarii Regnii Hungaricae et
      Transylvaniae...Mostan Deákul és Magyarul egy hasznos re-
      gestrommal egyetemben uyobban ki boczátatot. Debrecen,
      1611.

      (La) (Includes "Index verborum" Latin-Hungarian dictionary
        of legal terms)

733. ---- ------ Bártfa, 1632.

734. ---- ------ Löcse, 1637.

735. ---- ------ Kolozsvár, 1698.

736. ---- Tripartitum...Forditották, jogi műszótárral ellátták
      Kolozsvári Sándor és Ócári Kelemen. Budapest, 1894.

      (La) (Includes a dictionary of legal terms)

                    L I B R A R Y S C I E N C E

737. COWLES, Barbara
        Bibliographer's glossary of foreign words and phrases;
      an alphabet of terms in bibliographical and booktrade use
      compiled from 20 languages. New York, Bowker, 1935. 82 p.

      (B, Cr, Cz, D, Du, F, Fr, G, Gr, It, L, Lith, Po, Por, Ru,
      Rus, Ser, Sp, Sw, E)

738. HAJDUŠEK, Jozef
        Mad'arsko-slovenský knihovedný slovnik. ₍vyd. 1₎ Martin,
      Matica slovenská, 1958. 89 p. (Prirucký pre knihovnikov,
      20)

      (Sl)

739. HUNGARY. Centre of National Standards
Könyvtári elnevezések és meghatározások. Budapest,
Közgazdasági és Jogi Könyvkiadó, 1957. 42 p. (Magyar Nép-
köztársaság Országos Szabvány. Ajánlott. M.N.O.Sz. 2155-
55 R)

(Standardized library terms and definitions)

740. HUNGARY. National Libraries Centre
Orosz-magyar könyvészeti szakszótár. Budapest, 1951.
ii, 195 p.

(Rus)

741. MORAVEK, Endre
Verzeichnis ungarischer Fachdrücke und Abkürzungen aus
dem Buch und Bibliothekswesen mit übersetzung in Deutsche,
Französische und Englische. Wien, Österreichische Natio-
nalbibliothek, 1958. 61 p. (Biblos Schriften, 17)

(G, Fr, E)

742. ---- Magyar könyvészeti kifejezések és röviditések kis
orosz szótára. Budapest, 1959. 48 p. (A Magyar Tudomá-
nyos Akadémia könyvtári kiadványai, 15)

(Rus)

743. PIPICS, Zoltán
A könyvtáros gyakorlati szótára. 20 nyelvü szakszótár
a könyvtári feldolgozó munkához magyar és nemzetközi hasz-
nálatra. Dictionarium bibliothecari practicum ad usum in-
ternationalem in XX linguis. [Budapest, Gondolat, 1963]
317 p. tables.

(B, Cr, Cz, D, Du, E, F, Fr, G, Gr, It, La, Po, Ru, Rus,
Ser, Sl, Sp, Sw)

LOAN WORDS

744. ASBÓTH, Oszkár
Szláv jövevényszavaink. Budapest, Magyar Tudományos
Akadémia, 1907.

(Slavic loan words)

745. GOMBÓCZ, Zoltán
Die bulgarisch-türkische Lehnwörter in der ungarische
Sprache. Helsingfors, Société Finno-Ougrienne, 1912.
xviii, 252 p. (Mémoires de la Société Finno-Ougrienne, 30)

(T)

746. ---- Honfoglalás előtti bolgár-török jövevényszavaink.
Budapest, Akadémiai Kiadó, 1960. 30 p. (Nyelvtudományi
értekezések, 24)

(Bulgar-Turkish loan words in Hungarian before the Landtake)

747. JUHÁSZ, Jenő
Szómutató Munkácsi Bernát "Árja és kaukázusi elemek a
finn-magyar nyelvekben" cimü müvéhez. Budapest, 1960.
58 p.

(Word-index to the "Aryan and Caucasian elements in the
Finnish-Hungarian languages" by B. Munkácsi)

748. KARINTHY, Ferenc
Olasz jövevényszavaink. Budapest, Magyar Nyelvtudomá-
nyi Társaság, 1947. 47 p. (Magyar Nyelvtudományi Társaság
kiadványai, 73)

(It)

749. KNIEZSA, István
Magyar nyelv szláv jövevényszavai. Budapest, 1955.
1043 p.

(Slavic loan words)

750. KÖRÖSI, Albin
    Gli elementi italiani nella lingua ungherese. Fiume, 1892. 138 p.

(It)

751. MIKLOSCHICH, Franz
    Die slavische Elemente in Magyarischen. 2. Aufl. Teschen, Prohaska, 1884. 139 p.

(Slavic loan words)

752. MUNKÁCSI, Bernát
    Árja és kaukázusi elemek a finn-magyar nyelvekben. 1901.

(Aryan and Caucasian elements in the Finnish-Hungarian languages; v. 1: Hungarian word-list)

753. SKÖLD, Hannes
    Die ossetische Lehnwörter in Ungarischen. Lund, Gleerup, 1925.

(Oss)

754. THIENEMANNN, Theodor
    Die deutsche Lehnwörter der ungarischen Sprache. Berlin, W. de Guyter, 1923.

(G)

Hungarian loan words in other languages

755. MANDRESCU, C. Simion
    Elemente unguresti în limba romăna. Bucureşti, 1892.

(Ru)

756. MIKLOSCHICH, Franz
    Die slavischen, magyarischen und rumänischen Elemente im Türkischen Sprachschatze. Wien, 1889.

(Reprinted from "Sitzungsberichte der Kaiserliche Akademie der Wissenschaften, Bd. 118)

MATHEMATICS

757. MAGYAR TUDOMÁNYOS AKADÉMIA, Budapest
Mathematicai műszótár. Buda, 1834.

(Dictionary of mathematical terms)

758. A PESTI NAGY GYMNASIUMBAN használatra elfogadott elemi tiszta mennyiségtani műszók. Pest, 1850.

(Glossary of elementary pure mathematical terms accepted and used in the gymnasium of Pest)

MECHANICAL ENG.

759. GILLEMOT, László
Mechanikai technologia. Budapest, Terra, 1960. 2 v.
(Műszaki értelmező szótár, 11-12)

(E, G, Rus) (Mechanical technology, 1.4oo - 1.7oo terms)

760. SÓVÁRY, E.
Robbanó motorok. Budapest, Terra, 1963. 172 p. (Műszaki értelmező szótár,)

(E, G, Rus) (Combustion engines, 1.350 terms)

MEDICINE AND PHARMACOLOGY

761. BALOGH, Kálmán
Orvosi műszótár. Budapest, 1883.

(La) (Medical dictionary)

762.　BARTS, József
　　　　Orvos-gyógyszerészeti müszótár.　Budapest, 1884.

　　　(La)　(Medical and pharmaceutical dictionary)

763.　BUGAT, Pál
　　　　Az egészséges emberi test bonctudományának alapvonatjai.
　　　Pest, 1828.　2 v.

　　　(La)　(Basic anatomy with anatomical dictionary)

764.　———— Magyar-deák és deák-magyar orvosi szókönyv.　Pest,
　　　1833.

　　　(La)　(Medical dictionary)

765.　ERNYEY, József
　　　　A magyar szent korona országainak területén érvényben
　　　volt gyógyszerkönyvek gyógyszereinek jegyzéke (1774-1904)
　　　Budapest, 1905.

　　　(Medicines listed in the official Hungarian pharmacopoeias)

766.　HACKELT, Endre
　　　　A szükségesebb orvosi müszavak magyar-deák-német zsebszó-
　　　tára.　Pest, 1863.

　　　(La, G)　(Short medical dictionary)

767.　KARLOVSZKY, Géza
　　　　A gyógyszerek magyar tudományos, népies és táj elnevezé-
　　　sei latin jelentésökkel együtt.　Budapest, 1887)

　　　(La)　(Hungarian medical, colloquial and dialect names of
　　　medicines with their Latin equivalents)

768.　KÓSSA, Gyula
　　　　Régi magyar gyógyszernevek.　Budapest, Magyar Nyelvtudo-
　　　mányi Társaság, 1909.　(Magyar Nyelvtudományi Társaság ki-
　　　adványai, 10)

　　　(Old Hungarian names of medicines)

769. KOVÁCS, Mihály
   Magyar patika. Pest, 1835-1836. 3 v.

   (Hungarian pharmacopoeia)

770. ---- Medicina forensis. Vagy orvosi törvény tudomány.
   Pest, 1828.

   (La) (With an appendix: Dictionary of forensic medicine)

771. LÁNG, Imre
   Orosz-magyar és magyar-orosz orvosi szótár. Budapest,
   Akadémiai Kiadó, 1953. xvi, 398, 312 p.

   (Rus) (30.000 medical terms)

772. LEE-DELISLE, Dóra
   4000 ꞏi.e. Négyezerꞏ orvosi müszó angolul-magyarul és
   magyarul-angolul. Debrecen, Méliusz ꞏ194-ꞏ 208 p.

   (E) (Medical dictionary)

773. MAGYAR gyógyszerkönyv. Pharmacopea Hungarica. 4. kiad.
   Budapest, 1909. xLv, 414, 430 p.

   (La)

774. MANNINGER, Vilmos
   Onomatologia medica. Orvosi neveskönyv. Budapest, 1907.

   (La)

775. MEYER, Gyula
   Medizinisches Taschenlexikon. Berlin, Urban & Schwar-
   zenberg, 1909. xviii, 788 p.

   (E, Fr, G, It, J, Rus, Sp)

776. MISKOLTZY, Ferenc
   Manuale chirurgicum, vagy chirugiai utitárs. Györ,
   1724.

   (La) (At end: "Vocabularium Latino-Ungaricum", Latin-

Hungarian medical dictionary)

777. NÉKÁM, Sándor
      Az orvosi szavak diák-német-magyar zsebszótára. Pest,
      1861.

      (La, G) (Short medical dictionary)

778. RÁCZ, Sámuel
      Orvosi oktatás. 2. kiad. Pozsony, 1778.

779. ---- ------ Kassa, 1778.

      (Medical education with Latin and Hungarian names of
      medicines)

780. SCHUSTER, János Konstantin
      Gyógyszerek árszabása Magyarországra és a hozzá kapcsolt
      tartományokra alkalmaztatva. Buda, 1829.

      (Price-list of medicines also a Hungarian-Latin-German
      pharmaceutical dictionary)

781. TORKOS, János
      Taxa pharmaceutica Posoniensis. Pozsony, 1755.

      (La)

782. VÉGHELYI, P.
      Magyar-német orvosi szótár. Budapest, Terra, 1962.
      912 p.

      (G) (Medical dictionary, 40.000 terms and expressions)

783. ---- Német-magyar orvosi szótár. Budapest, Terra, 1960.
      viii, 752 p.

      (G) (Medical dictionary, 25.000 terms and expressions)

MILITARY ART AND SCIENCES

784. BAKÓ, László, dezséri
Vocabolario militare ungherese-italiano e italiano-ungherese. Buda, the Author, 1833. 172 p.

(It)

785. DIZIONARIO MILITARE ungherese-italiano e italiano-ungherese. Roma, Istituto Poligrafico dello Stato, 1937. 298 p.

(It)

786. DOMANICZKY, István
Katonai szótár. Budapest, 1892-1895. 2 v.

(G) (German-Hungarian and Hungarian-German military dictionary)

787. DORMÁNDY, I.
Katonai szótár. Budapest, 1892-1900 2 v.

(G) (Hungarian-German and German-Hungarian military dictionary)

788. FELJEGYZÉSE azon mesterszóknak, mellyek a magyar felkelő seregnek regulamentumaiban idegen nyelvekből magyarra forditattak. Pest, 1809.

(List of those military terms and expressions which were translated from foreign languages for the Hungarian Army)

789. A GYAKORLÁS REGULAMENTUMA a magyar felkelő nemesség gyalogságának számára. Pest, 1809.

(Regulation of military exercises for the infantry of the insurgent Hungarian nobility with dictionary at end)

790. A GYAKORLÁS REGULAMENTUMA a magyar felkelő nemesség lovas-

ságának számára. Pest, 1809.

(Regulation of military exercises for the cavalry of the
insurgent Hungarian nobility with dictionary at end)

791. HAASZ, E.S.
Voenniai vengersko-russkii slovar. 1943. 403 p.

(Rus)

792. HADI müszótár a m.kir. honvédség számára. Német-magyar
rész. Pest, 1873.

(G) (Military dictionary for the Royal Hungarian Army.
German-Hungarian pt. only)

793. HILFSBÜCHLEIN deutsch-italienisches und ungarisch-italieni-
sches für Feldsoldaten. Budapest, Községi Nyomda, 1915.
96 p.

(It)

794. HONTI, Rezső
Libretto ausiliare ungherese-italiano e tedesco-italiano
ad uso militare. Budapest, 1915. 96 p.
(It)

795. HORN, Ödön
Rövid katonai orosz nyelvtan. Magyar-orosz és orosz-
magyar szótárral. 2. kiad. Budapest, 1894.

(Rus) (Short Russian military grammar with Hungarian-Rus-
sian and Russian-Hungarian military dictionary)

796. HUNGARY. Ministry of National Defence
Ideiglenes tüzér és géppuskás szótár. Budapest, 1912.

(G) (Temporary dictionary of artillery and machine-gunnery.
German-Hungarian pt. only)

797. ---- Katonai szótár. Budapest, 1913.

(G) (Military dictionary. German-Hungarian pt. only)

798.   ----   Orosz-magyar, magyar-orosz katonai zsebszótár. Buda-
pest, 1949. 55 p.

(Rus)

799.   ----   Soldatenwörterbuch. Deutsch-ungarischer Teil. Buda-
pest, 1906. 440 p.

(G)

800.   ----   Tüzér és géppuskás szótár. Budapest, 1913.

(G) (Dictionary of artillery and machine-gunnery. German-
Hungarian pt. only)

801.   KISS, Károly
        Hadi müszótár. Pest, 1843.

(G)

802.   KOVÁCS, A.
        Ötnyelvü katonai zsebszótár. Kecskemét, 1943.

(Quinquelingual military dictionary, includes Hungarian)

803.   KRATKII RUSSKO VENGERSKII voennii raagovornik. Moskva, 1940.
        92 p.

(Rus)

804.   ------ [New ed.] Moskva, 1941. 88 p.

(Rus)

805.   MAJOR, Jenö
        Magyar-olasz [és] olasz-magyar katonai zsebszótár. Bu-
dapest, M.kir. Állami Térképészeti Intézet, 1930. 25,23 p.

(It)

806.   MILITARISCHE Taschenwörterbuch, russisch-deutsch-ungari-
        sches. Warschau, Gabethner & Wolff, 1910. xl, 232 p.

807. NAGY, László, peretsényi
Egy gondolat néhány fegyver gyakorlásban előforduló és
az intéző (Commandó) szavak rövid előadásáról. Az 1809.
eszt. nemesi felkelésre. Temesvár ₍1809?₎

(Words of command used at military exercises and training)

808. OROSZ-MAGYAR katonai szótár. ₍Budapest₎ Akadémiai Kiadó,
1952. 461 p.

(Rus)

809. ---- ------ Budapest, Honvéd Kiadó, 1952. 461 p.

(Rus)

810. PÁL, Károly
Általános német-magyar és magyar-német hadi szótár.
Pest, 1871.

(G) (German-Hungarian pt. only)

811. PÉTERFY, Gyula
Magyar-német műszótár a hadi nyelvtanhoz. Pest, 1853.

(G) (Dictionary to the military grammar)

812. TÓTH, Tivadar
Volnički rječnik: Magjarsko-hrvatski, hrovatsko-magjar-
ski. Budapest, Pallas, 1900-1903. 517, 574 p.

(Cr)

813. U.S. ARMY LANGUAGE SCHOOL, Monterey, Calif.
Hungarian military dictionary. Presidio of Monterey,
1955.

(E) (Hungarian-English pt. only)

Phrases

814. BESZÉDES, Ferenc
    Ungarische Militär-Sprache. Ein Handbuch für den Ver-
    kehre mit den Untergebenen. 5. Aufl. Wien, Seidel, 1902.
    iii, 175 p.

    (G)

815. BIRÓ, J.E.
    Német tolmács a magyar honvédek számára. 1943.

    (G)

        M I N E R A L O G Y

816. KOVÁCS, Mihály
    Lexicon mineralogicum enneaglottum. Latino-Magyarico-
    Germanicum, Gallico-Latinum, Anglico-Latinum, Italico-La-
    tinum, Russico-Latinum, Suedico-Latinum, Danico-Latinum.
    Pest, 1822. 3 v.

    (La, G)

817. REUSS, Franz Ambrosius
    Lexicon mineralogicum sive index Latino-gallico-italico-
    suevico-danico-anglico-russico-hungarico-germanicum.
    Stadtamhof (Curiae Regnitianae) 1798.

    (La, Fr, It, Sw, D, E, Rus, G)

        M I N I N G

818. PÉCH, Antal
    Magyar és német bányászati szótár. 2. kiad. Selmec,
    1891.

    (G)

819. SZABÓ, József
      Bányamüszótár. Buda, 1848.

      (G) (German-Hungarian pt. only)

820. SZEŐKE, Imre
      Bányászati szótár. A bányászatban és bányajogban elő-
      forduló szakkifejezések magyarázó jegyzéke. Függelékül a
      a bányászati szakszótárral. Budapest, 1903.

      (2.400 terms of mining and mining-laws)

821. TARJÁN, Jenő
      A vasércbányászat szaknyelvének szókincse Rudabányán.
      Budapest ₍Német Nyelvészeti és Néprajzi Intézet₎ 1939.
      82 p. (Német nyelvészeti dolgozatok, 3)

      (G) (Vocabulary of iron-ore mining at Rudabánya)

                              M U S I C

822. BERECZ, Ede
      A zene alapelmélete és az összhangzattan elemei rövid
      müszótárral. 6. kiad. Budapest, 1899.

      (Theory of music and the elements of harmony with short
       musical dictionary)

823. BŐHM, L.
      Zenei müszótár. Bőv. és átdolg. kiad. Budapest, Zene-
      mükiadó, 1961. 347 p. illus.

824. CSIKVÁRY, Antal
      Zenei kistükör; a zenei müveltség kézikönyve. Budapest,
      Zenemükiadó, 1959. 755 p.

825. GOLL, János
      Általános zene-müszótár. Budapest, 1900. (Tudományos
      zsebkönyvtár, 61)

826. ---- ------ Pozsony, 1900.

827. KALAFATI, Vasilii Pavlovich
      Sputnik muzykanta. St.Petersburg, 1911. 258 p.

      (Rus) (5.000 terms, includes Hungarian)

828. MAGYAR zenészeti lexicon. Budapest, 1880.

829. RÁDER, Antal
      Zenészeti zsebszótár zenészek és műkedvelők számára.
      Pest, 1867.

830. SÁGH, József
      Magyar zenészeti lexicon. ₍Budapest, 1879₎ 296 p.

831. SZABOLCSI, Bence
      Zenei lexicon. Budapest, 1930-1931.

                N A T U R A L   S C I E N C E
                        (General)

832. BUGAT, Pál
      Természettudományi szóhalmaz. Buda, 1844.

      (40.000 terms)

                N E W   W O R D S

833. BARTZAFALVI SZABÓ, Dávid
      Szigvárt klastromi története. Pozsony, 1787.

      (At end: "Szótár. Dictionarium", dictionary of new and
      seldom-used words)

834. KIRÁLYFÖLDY, Endre
      Ujdon-új magyar szavak tára. 2. kiad. Pest, 1854.

835. KISS, Mihály
Magyar ujdon szavak tára, melly a hazai hirlapokban, új
magyar könyvekben, tudományos és közéletben előkerülő ujdon
kifejezéseket német forditással foglalja magába. Pest,
1844.

(G)

836. KUNOSS, Endre
Szófüzér, vagyis a tudomány, művészség, társalkodás és
költészet ujonnan alkotott, fölélesztett vagy idomitott
szavainak jegyzéke. Pest, 1834.

837. ---- ------ 2. kiad. Kassa, 1835.

838. ---- ------ 4. kiad. Pest, 1843.

(Dictionary of new, revived or transformed words concerning
science, art, conversation and poetry)

839. MUNKÁCSI, Bernát
Füzérke a Rajzolatban használt új vagy szokatlan sza-
vakból. Buda, 1835.

(Collection of new or unusual words from the literary work
entitled "Rajzolat")

840. SOMOGYI, Gedeon
Mondolat. Sok bővitménnyel és egy kiegészitett ujj-
szótárral együtt. Dicshalom ｢i.e. Veszprém｣ 1813.

841. SZILY, Kálmán
A magyar nyelvújitás szótára. Budapest, 1902-1908.
2 v.

(Dictionary of the Hungarian language-reform)

842. TOLDY, Ferenc
Handbuch der ungarischen Poesie. Pest, 1828. 2 v.

843. ---- ------ Bécs, 1828. 2 v.

(Appendix: "Verzeichnis der im Werke vorkommenden weniger gebräuchlichen Wörter")

O F F I C E

844. BRABEK, Frantisek
Cesko-mad'arská a mad'arsko-ceská terminologie uředni.
Prague, Otto [191-] 116, 256 p.

(Cz)

845. HIVATALOS müszótár. Bécs, 1845.

846. KELEMEN, Mór
Latin-német-magyar általános tiszti szótár. Pest, 1862.

(La, G)

847. KOLLONICS, L.
Német-magyar egyetemes hivatali müszótár. Pest, 1870.

(G)

848. KOVÁCH, Lajos
Új, kimeritő tisztirási szótár. Buda, 1846.

(New, comprehensive dictionary of office-terms)

849. MAGYAR-FRANCIA szótár az útlevelet kiállitó hatóságok ré-
szére. Budapest, 1909.

(Fr) (Dictionary for the passport-issuing authorities)

850. MAGYAR-SZLOVÁK szakszótár. Mad'arsko-slovenský odborný
slovnik. Budapest, Vámörség Országos Parancsnoksága,
1959. 208 p.

(Sl) (Dictionary of general office-terms issued by the
Headquarters of Customs-Officers)

844. OTTLIK, Dániel
A tisztbéli irás módjának saját szavai. 3. kiad. Pest,
Kiadta a tisztelt Tekintetes Vármegyéknek Föjegyzöje, 1826.

845. TISZTI SZÓTÁR, mellyet a n. Zala vármegyének ezen tárgyra
kirendelt deputátiója készitett, és 1807. eszt. Boldog
Asszony havának 26-án tartott gyülekezete jóvá hagyott.
Bécs ₍1807?₎

(Office dictionary for the administration of Zala county)

846. TISZTI SZÓTÁR, mellyet a t. n. Baranya vármegyének kikül-
detett tagzatja a t. n. Pest vármegye által közlött
tisztbéli irás-módjának saját szavain felül bövités
végett készitett Pécsett, 1806. esztendöben. ₍Pécs₎
1807.

(Office dictionary for the administration of Baranya county)

O N O M A S T I C S

Anthroponymy

847. BERRÁR, Jolán
Nöi neveink 1440-ig. Budapest, Magyar Nyelvtudományi
Társaság, 1952. 63 p. (Magyar Nyelvtudományi Társaság
kiadványai, 80)

(Women's given names till 1440)

848. FISCHER, Carl
Erklärung der skytisch, sarmatischen Namen und Wörter
aus der ungarischen Sprache. Berlin, Süsserott, 1917.
130 p.

849. GOMBŐCZ, Zoltán
Árpádkori török személyneveink. Budapest, Magyar Nyelv-
tudományi Társaság, 1915. (Magyar Nyelvtudományi Társaság
kiadványai, 16)

(Personal names of Turkish origin at the time of the Árpáds)

850. KÁLMÁN, Béla
     XVI. századi jobbágyneveinkhez. Debrecen, 1961. p.23-
     43.

     (Serfs' names in the XVIth century. Reprinted from v. 7.
     of the Magyar Nyelvjárások)

851. KARÁCSONY, Sándor
     Személyneveink 1500-től 1800-ig. Budapest, Akadémiai
     Kiadó, 1961. 117 p. (Nyelvtudományi értekezések, 28)

     (Personal names from 1500 till 1800)

852. MAGYAR TUDOMÁNYOS AKADÉMIA, Budapest
     Nem-magyar keresztnevek jegyzéke. Budapest, 1893. 19 p.

     (List of non-Hungarian given names)

853. SZÁZADUNK névváltoztatásai, megváltoztatott nevek gyüjtemé-
     nye, 1800-1893. Budapest, 1895. 253 p.

     (List of changed names of the XIXth century)

854. TERESTYÉNI, G.F.
     Magyar közszói eredetű személyneveink az 1211. tihanyi
     összeirásban. Budapest, Magyar Nyelvtudományi Társaság,
     1941. (Magyar Nyelvtudományi Társaság kiadványai, 59)

     (Personal names derived from ordinary Hungarian words in
     the census of Tihany, at the time of Andrew II.)

                              Toponymy

855. BENKŐ, Lóránd
     A Nyárádmente földrajzi nevei. Debrecen, Alföldi, 1950.
     19 p. (Debreceni Tudományegyetem. Magyar Nyelvtudományi
     Intézet kiadványai, 30)

856. ---- ------ Budapest, 1957. 52 p. (Bölcsészetkari érte-
     kezések, 8)

     (Geographical names of the Nyárádmente region)

857.   DICTIONNAIRE des communes de la Hongrie.   Budapest, 1937.

858.   GERGELY, Béla
        A szolnokdobokai Tőki völgy helynevei.   Kolozsvár, 1945.
        36 p. (Erdélyi Tudományos Füzetek, 193)

        (Place names in Tőki-Valley)

859.   IMETS, F.
        Hunn nyomok a székelyföldi hely és családnevekben.   Bu-
        dapest, 1897.   56 p.

        (Hunnish traces in place and family names of the Secklers)

860.   INCZEFI, Géza
        Szeged környékének földrajzi nevei.   Budapest, Akadémiai
        Kiadó, 1960.   108 p. (Nyelvtudományi értekezések, 22)

        (Geographical names of the environs of Szeged)

861.   IVÁNYI, István
        Bács-Bodrog vármegye földrajzi és történelmi helynévtára.
        Szabadka, Székely, 1889.   155 p.

        (Geographical and historical gazetteer of Bács-Bodrog county)

862.   KÁZMÉR, Miklós
        Alsó-Szigetköz földrajzi nevei.   Budapest, Akadémiai
        Kiadó, 1957.   78 p. (Magyar Nyelvtudományi Társaság kiad-
        ványai, 95)

        (Geographical names of Alsó-Szigetköz)

863.   KECSKÉS, Péter
        A Gyöngyös elönevü községek földrajzi- és dülönevei.
        Gyöngyös, 1960.   48 p.   illus.   Mimeo.

        (Geographical names and names of paths of villages having
        the name Gyöngyös frefixed)

864.   KISS, János
        Néhány Árpádkori helynevünk.   Miskolc, 1928.   20 p.

(Some place names from the time of the Árpáds)

865. KISS, Lajos
    Régi Rétköz. Budapest, Akadémiai Kiadó, 1961. 481 p.

    (The old Rétköz)

866. LUG, Viktor
    Deutsche Ortsnamen in Ungarn. Berlin, Allgemeine Deutscher Sprachverein, 1917. viii, 143 p.

867. LUMTZER, Viktor
    Deutsche Ortsnamen und Lehnwörter des ungarischen Sprachschatzes. Innsbruck, Wagner, 1900. 312 p. (Quellen und Forschungen zur Geschichte, Literatur und Sprache Österreichs, 6)

868. MÁRTON, Gyula
    A szolnokdobokai Árpástó helynevei. Kolozsvár, 194-. 36 p. (Erdélyi Tudományos Füzetek, 197)

    (Place names around the Lake-Árpás)

869. PESTHY, F.
    Magyarország helynevei történeti, földrajzi és nyelvészeti tekintetben. Budapest, Magyar Tudományos Akadémia, 1888.

    (The historical, geographical and linguistic aspects of the place names in Hungary)

870. RESŐ ENSEL, Sándor
    Erklärung ungarischer Ortsnamen. Brest, 1877.

871. REUTER, Camillo
    Magyaregregy helynevei. Budapest, 1961. 44 p.

    (Place names of Magyaregregy. Reprinted from "Értekezések, 1960" by the Dunántúli Tudományos Intézet of the Hungarian Academy of Sciences)

872. RUDNYCKY, J.B.
     Slavo-Hungarica; zur Toponomie der Karpato-Ukrainie.
Louvain, 1959. p. 58-60.

     (Offprint from Orbis, 1959)

873. SCHWARTZ, Elemér
     A nyugatmagyarországi német helységnevek. 2. kiad.
Budapest, 1933. 295 p.

     (German place names of Western-Hungary)

874. SZABÓ, Dénes
     A dömösi adománylevél hely- és vizrajza. Budapest,
Magyar Nyelvtudományi Társaság, 1954. 56 p. (Magyar Nyelv-
tudományi Társaság kiadványai, 85)

     (Geography and hydrography of the letter of donation of
     Dömös)

875. SZABÓ, Lajos, balkányi
     Helység-névtár. A Királyhágón inneni rész - Erdély -
községeinek betűrendes névtára. [n. p.] 1872. 157 p.

     (Alphabetical list of villages on the western side of the
     Királyhágó)

876. SZABÓ, T. Attila
     A Doboka-i völgy helynevei. Kolozsvár, Erdélyi Tudomá-
nyos Intézet, 1946. 78 p.

     (Place names of the Doboka-Valley)

877. ---- A kolozsmegyei Borsavölgy helynevei. Kolozsvár,
Erdélyi Tudományos Intézet, 1945. 208 p.

     (Place names of Borsa-Valley in Kolozs county)

878. UMLAUF, Friedrich
     Geographische Namenbuch von Österreich-Ungarn. Eine
Erklärung von Länder-, Völker-, Berg-, Fluss und Ortsnamen.
Wien, Hölder, 1885-1886.

ORTHOGRAPHY

879. BODRITS, István
A magyar helyesirás szótára. Ujvidék, Testvériség-Egy-ség könyvkiadó, 1953. lxxix, 260 p.

880. DEME, László
Helyesirási tanácsadó szótár. ɼA munkálatokat a Helyes-irási Bizottság megbizásából irányitotta Benkö Loránd]
Budapest, Terra, 1961. 827 p.

881. DÉVAI BIRÓ, Mátyás
Orthographia Hungarica. Azaz igaz iraz modiarol valo tudoman Magár néluenn irattatott. Mostán pedig vionnan meg igazytatott és ki niomtatott. Craccouicae, 1549.

882. ----- ------ ɼFacsim. ed.] Budapest, 1908.

883. HORVÁTH, Endre
A magyar helyesirás szótára és szabályai. Az iskolai helyesirás alapján. A magyar irodalmi nyelv lehetö teljes szótára, kiegészitve a magyarban használatos idegen szók jelentés-magyarázatával és a hibás szólásmódok feltüntetésével. Budapest, 1913.

(Dictionary and rules of the Hungarian orthography. A complete dictionary of the literary language with an expla-nation of foreign words. Supplemented with the incorrectly used expressions)

884. KELEMEN, Béla
A magyar helyesirás kis szótára. 9. kiad. Budapest, 1918.

(Short orthographical dictionary)

885. MAGYAR TUDOMÁNYOS AKADÉMIA, Budapest. Helyesirási Föbizott-ság
A magyar helyesirás szabályai. 10. átdolg. és böv. kiad.

Budapest, Akadémiai Kiadó, 1959.   272 p.

886.   RÉVAI, Miklós
A magyar nyelvnek helyes irása és kimondása felöl ket-
tös tanuság a vagy ortografia.   A nemzeti oskolák számára.
Buda, 1778.

(Hungarian orthography and phonetics)

887.   SIMONYI, Zsigmond
Helyesirási szótár.   3. kiad.   Budapest, 1908.

888.   TSÉTSI, János
Johannis Tsétsi illustris scholae Sáros-Patak: Rect.
in eaque ss. theologiae et philosophiae professoris obser-
vationes orthographico-grammaticae.   De recta Hungarice
scribendi et loquendi ratione, post obitum ductoris editae
a Johanne Tsétsi Fil.   ₍Löcse, 1708₎

(Published as a supplement to Pariz Pápai's "Dictionarium
manuale")

P E D A G O G Y

889.   KEMÉNY, Ferenc
Magyar pedagógiai lexicon.   A Magyar Pedagógiai Társaság
megbizásából Fináczy Ernő és Kornis Gyula közreműködésével
szerkesztette Kemény Ferenc.   ₍Budapest₎ Révai ₍1933-1936₎
2 v.

P H I L O S O P H Y

890.   ENYVVÁRI, Jenő
Filozófiai szótár.   Budapest, 1918.

891.   MAGYAR TUDOMÁNYOS AKADÉMIA, Budapest
Philosophiai műszótár.   Buda, 1834.

892. TOLDY, Ferenc
      Német-magyar tudományos műszótár.

     (G)

893. VERSEGHY, Ferenc
      Lexicon terminorum technicorum, azaz: Tudományos mester-
     szókönyv próba képen készitették némely magyar nyelvszer-
     kesztők. Buda, 1826.

     (La?)

                    P H O N E T I C S

894. A MAGYAR NYELV tanitásának két részei. Az igaz kimondás
      és igaz irás a nemzeti oskolákra alkalmazva. Buda, 1779.

     (Phonetics and orthography)

895. RUSCSÁK, Antal
      Magyarische Kursivschriftbuchstaben mit ihrer Aussprach.
     Magyar folyóirási hangjegyek kimondásukkal. Innsbruck,
     1857. 15 leaves.

     (G)

                    P I C T O R I A L

896. BILDWÖRTERBUCH. Deutsch und ungarisch. Leipzig, Verlag
      Enzyklopedia, 1957. illus.

     (G)

897. MAGYAR-FRANCIA szemléltető szótár. Budapest, Terra, 1959.
      576 p. illus.

     (Fr) (12.000 words)

898.   MAGYAR-NÉMET szemléltető szótár.   Budapest, Terra, 1959.
        568 p. illus.

        (G) (12.000 words)

899.   MAGYAR-OROSZ szemléltető szótár.   Budapest, Terra, 1959.
        587 p. illus.

        (Rus) (12.000 words)

                    P O S T A L   S E R V I C E

900.   MAGYAR-NÉMET és német-magyar postai kézi szótár.   Pest,
        1870. 2 v. in l.

        (G)

                          P R O V E R B S

901.   ALMÁSY, János
            Magyar közmondások gyűjteménye.   Budapest, 1890.   379 p.
        (Kis Nemzeti Museum, 49-50)

        (6.000 Hungarian proverbs)

902.   ---- ------ 2. kiad. Budapest, 1911.

903.   BALLAGI, Mór (ed.)
            Baronyai Décsi János és Kis-Vitzay Péter közmondásai.
        Budapest, 1882.

        (Proverbs of J. Décsi and of P. Kis-Vitzai)

904.   ---- Magyar példabeszédek, közmondások és szójárások
        gyűjteménye. Pest, 1855.

        (8.313   parables, proberbs and phrases)

905. BÁNHEGYI, István
        Latin-magyar közmondások. Pest, 1864.

      (La)

906. BARÓTI SZABÓ, Dávid
        Magyarország virágai. Komárom, 1803.

      (Marks the dialect words with an asterisk. Supplement to
      the "Kisded szótár" at the end)

907. BRUNOVSZKY, Rezső
        Válogatott magyar közmondások. Budapest, 1910. (Fillé-
      res könyvtár, 296)

908. CSEFKÓ, Gy.
        Szállóigék, szólásmódok. Budapest, 1922.

      (Household words and phrases)

909. DÉCSI CSIMOR, János
        Adagiorum Graeco-Latino-Ungaricum chiliades quinque.
      Bártfa, 1598.

      (Gr, LA) (5.000 proverbs)

910. ---- Libellus adagiorum Latin-Ungaricorum. Bártfa, 1583.

      (La)

911. DOBRONOKI, István
        Phrases Latinae in gratiam Ungaricae juventutis olim
      concinnatae. Nunc denum in lucem datae. Kassa, 1707.

      (La) (Separated Hungarian index at the end)

912. ---- ------ Nagyszombat, 1728.

913. DUGONICS, András
        Magyar példabeszédek és jeles mondások. Pozsony, 1774.

914. ---- ------ Pest, 1780.

      (Hungarian parables and maxims)

914a ---- ------ Szeged, 1820. 2 v.

(12.000 parables and maxims)

915. ERDÉLYI, János
Magyar közmondások könyve. Pest, 1851.

(La, G, Fr) (9.000 proverbs)

916. ---- 2. kiad. Válogatott magyar közmondások. Pest, 1862.

(Selected Hungarian proverbs)

917. ---- A nép költészete. Népdalok, népmesék és népmondások.
[Pest, 1869]

(Folksongs, folktales and proverbs)

918. FALUDI, Ferenc
Faludi Ferenc szólás és közmondásgyüjteménye.

(Collection of phrases and proverbs probably before 1750)

919. GEORCH, Illés
Etelkából kiválogatott remekje a helyes magyarságnak.
Pozsony, 1800

(Proverbs and phrases selected from A. Dugonics' "Etelka")

920. KERTÉSZ, M.
Szólásmondások. Budapest, 1922.

(Proverbial phrases)

921. KIS VITZAI, Péter
Selectiora adagia Latino-Hungarica. In gratiam et usum
scholasticae juventutis collecta. Bártfa, 1713.

(La)

922. KLEIN, Ephraim
Phrases ex Langianis Colloquiis Latinis excerptae, at-

que Germanica, Hungarica, Bohemica versione donatae.
[3. kiad.] Pozsony, 1797.

(G, Cz)

923.   KOVÁCS, Pál
       Kovács Pálnak magyar példa és közmondásai. Győr, 1794.

       (Hungarian parables and proverbs)

924.   MAGYAR VISZHANG. Magyar szólásmódok gyüjteménye. Magyar-
       német szótárral. 2. bőv. kiad. Bécs, 1877.

925.   ---- ------ Leipzig, 1877.

926.   ---- ------ Pest, 1877.

927.   ---- ------ Pozsony, 1877.

       (Collection of Hungarian proverbial phrases with Hungarian-
       German dictionary)

928.   MARGALITS, Ede
       Bácskai közmondások és szólásmódok. Baja, 1877.

       (Proverbs and phrases from the Bácska)

929.   ---- Isten a világ közmondásaiban. Zombor, 1910. 2 v.

       (God in the world's proverbs)

930.   ---- Magyar közmondások és közmondás-szerü szólások.
       Budapest [1896] vii, 770 p.

       (25.336 Hungarian proverbs and proverbial phrases in 770
       sections)

931.   ---- Szerző sajátja. Budapest, 1910.

       (The author's own proverbs)

932. MOLNÁR, Ferenc
Magyar kátó melly a' magyar ro'sás versetskékben tölt
magyaroknak kedvekért ki botsájtott és némelly magyar köz-
példabeszédekkel a második részben meg bövittetett. Po-
zsony, 1789.

933. ━━━ ━━━━━ Bécs, 1789.

(Includes Hungarian proverbs)

934. NOSZKÓ, Alajos
Virág szó-tár, mellyeket öszsve-szedett és betük' rendi
szerént el-osztott Esztergami Noszko Aloiszus. Pest, 1791.

(Hungarian proverbs and phrases)

935. PELKÓ, Péter
Eredeti magyar közmondások és szójárások. Rozsnyó, 1864.

(Original Hungarian proverbs and phrases)

936. POMEI, Ferenc
Syntaxis ornata, seu de tribus Latinae linguae virtuti-
bus, puritate, elegantia, copia. Nagyszombat, 1745.

937. ━━━ ━━━━━ Buda, 1798.

(La)

938. PROVERBIA metrico-rythmica; méteres és rimes közmondások.
Budapest, 1889. 58 p.

(La)

939. SCHLANDT, Heinrich
Deutsche-magyarische Sprichwörter Lexikon. Kronstadt,
Kerschner, 1913. 395 p.

(G)

940. SIRISAKA, Andor
Magyar közmondások könyve. Pécs, 1890. lxx, 279 p.

(Approx. 8.500 Hungarian proverbs)

941. SZABÓ, Román
        Válogatott közmondások. Miskolc, 1856. 70 p.

      (Selected proverbs)

942. SZEITZ, Leó Mária
        Kis magyar frázeológia. Közre botsátá Máriafi István.
      Pozsony, 1789.

      (Short Hungarian phraseology)

943. SZENCI MOLNÁR, Albert
        Dictiones Ungaricae summo studio collectae et Latine
      conversae, juxtaque ordinem literarum prout scribi solent,
      digestae. Nunc denuo diligenter emendatae plurimis voci-
      bus formulisque loquendi Latine redditis auctae; et usita-
      tioribus proverbiis Ungaricis locupletatae. Hannover, 1611.

      (La) (Bound with the 2. ed. of his Lexicon Latino-Graeco-
      Ungaricum)

944. ---- Dictionarium ungaro-latinum cui inspersa sunt pro-
      verbia Ungarica cum aequipollentibus adagiis Latinis.
      Heidelberg, 1621.

945. ---- ------ Frankfurt, 1644.

946. ---- ------ Norimberg, 1708.

947. ---- ------ Cibinii, 1767.

948. SZENT-PÁLI, István
        Grammatica Hungarica. Cibinii, 1795.

      (p. 283-302: Adagia in Transsylvaniae principatu inter
      Hungaros vigentia eaque Hungarico-Latina)

949. SZIRMAY, Antal
        Hvngaria in parabolis sive commentarii in adagia et
      dicteria Hvngarorvm...historico-iocose conscriti. 2. ed.
      Buda, 1807. xvi, 160 p.

950. SZVÖRÉNYI, János
      Magyar közmondások és példabeszédek. Buda, 1846.

      (Hungarian proverbs and parables)

P S E U D O N Y M S

951. GULYÁS, Pál
      Magyar irói álnév lexicon; a magyarországi irók álnevei
      és egyéb jegyei. Függelék: néhány száz névtelen munka
      jegyzéke. Budapest, Akadémiai Kiadó, 1956. 706 p.

      (Hungarian pseudonyms with an appendix of few hundred
      anonymous works)

952. SZÉKELY, Dávid
      Magyar irók álnevei a múltban és jelenben. Budapest,
      1904. 71 p.

      (Hungarian pseudonym of the past and present)

P S Y C H O L O G Y

953. ERDÉLYI, Mihály
      Dictionary of terms and expressions of industrial psycho-
      logy. New York, Pitman, 1939. 98 p.

      (E, Fr, G)

R H Y M E

954. FÜREDI, Ignác
      Magyar rím-szótár. 2. kiad. Budapest, 1903.

955. SIMAI, Kristóf
Vég-tagokra szedett szótár. 1809-1810.

956. VERSEGHY, Ferenc
A tiszta magyarság, avagy a csinos magyar beszédre és
helyes irásra vezérlő értekezések. Követi ezeket a
cadentiak lajstroma. Pest, 1805.

(Rhyme-dictionary at the end)

S I G N S   AND   S Y M B O L S

957. KÖSZEGI, (?)
Magyarországi ötvösjelek. Werkzeichnen der Goldschmiede
Ungarns vom Mittelalter bis 1867. Budapest, 1936. illus.

(Trade-marks of Hungarian gold- and silversmiths from the
Middle Ages to 1867 with German and Hungarian text)

958. HUNGARY. Centre of National Standards
Nyomdai korrektura jelek. Budapest, 1951. 4 p. illus.
(M.N.O.Sz. 3491-51)

(Correction-signs of the printers)

959. VÉGH, J. (ed.)
Régi magyar könyvkiadó és nyomdászjelek. Budapest,
1923. v.1.

(Old Hungarian publishers' and printers' signs. Vol. 1:
Booktraders' signs of Buda, 1488-1525)

S A L T

960. SZÓTÁRA a sókezelésnél előforduló műszavaknak és időszaki
beadatoknak. Nagyszeben, 1848.

(Dictionary of terms of salt-handling)

S I L K

961. SCHOBER, J.
      Silk and silk industry. London, Constable, 1930. 375 p.

      (E, Fr, G, It)

S L A N G

962. BUDAPESTI ÁLLAMRENDÖRSÉG FÖKAPITÁNYSÁGA, Budapest. Bünü-
      gyi Osztály
         A tolvajnyelv szótára. Budapest, 1911.

      (Dictionary of the Hungarian underworld - lingo)

963. DOBOS, Károly
         A magyar diáknyelv és szótára. Budapest, 1898.

      (The Hungarian student-lingo and its dictionary)

964. JENÖ, Sándor
         A magyar tolvajnyelv és szótára. Budapest, 1900.
      107 p.

      (The Hungarian underworld-lingo and its dictionary)

965. KABDEBÓ, Oszkár
         Pesti jassz-szótár. Mezötúr, 1918.

      (Dictionary of the underworld-lingo of Budapest)

966. NAGY, Pál
         Tolvajnyelvi szótár. Györ ₍1880?₎

      (Dictionary of the underworld-lingo)

967. TORONYAI, Károly
    A rablóknak, tolvajoknak és kozákoknak együtt való
hamis és zavaros beszédeik. Pest, 1862.

(The lingo of thieves and bandits)

968. WHITE, Alex Sandri
    Dictionary of Hungarian slang. Central Valley, N.Y.,
Aurea, c1960. 54 leaves.

(E)

S O I L   E N G .

969. SZÉCHY, Károly
    Alagutak, alapozás, földmüvek, talajmechanika. Budapest,
Terra, 1960. 252 p. (Müszaki értelmező szótár, 10)

(E, G, Rus) (Tunnels, groundwork, earthwork, soil-mecha-
nics, 1.900 terms)

S P O R T

970. HEGYI, Sándor
    Sportszótár. Budapest, Akadémiai Kiadó, 1952. xxxii,
743 p.

(E, Fr, G, Rus)

971. HEPP, Ferenc
    Sports dictionary in seven languages. Budapest, 1960.
6 v.

(E, Fr, G, It, Rus, Sp) ([v.1] Fencing; [v.2] Basketball;
[v.3] Gymnastics; [v.4] Soccer; [v.5] Swimming, waterpolo;
[v.6] Track and field)

972. ---- ------ Berlin, Sportverlag, 1962. 1109 p.

(Some parts in Japanese)

973. MATOLAY, Elek
Torna-zsebkönyv. A tornászat német-magyar műszótárával.
Pest, 1869.

(Gymnastical handbook with German-Hungarian dictionary of
gymnastical terms)

974. MAURER, János
Magyar-német torna-szótár. Budapest, 1889.

(G)

S T A T I S T I C S

975. HUNGARY. Central Office of Statistics
Statisztikai szótár; 1700 statisztikai kifejezés hét
nyelven. 2. kiad. Budapest [Statisztikai Kiadó Vállalat]
1961. 171 p.

(B, Cz, E, G, Po, Rus) (1.700 terms)

S U G A R

976. SHEMENSKY, Romain
Lexique des termes sucriers; betterave et canne. Paris,
1931. 359 p.

(Cz, Du, E, Fr, G, It, Po, Por, Sp, Sw)

S U R V E Y I N G AND M A P P I N G

977. CSISZÁR, Sándor
Fotogrammetrikai szakszótár. Budapest [Honvéd Térképé-
szeti Intézet] 1939. 13 p. (A "Térképészeti Közlemények"
különfüzete, 10)

(Dictionary of photographic surveying)

978. JANISZEWSZKI, Vladimir
Magyar-horvát és horvát-magyar szótár az országos ka-
taszteri felmérés használatára. Budapest, 1912.

(Cr) (Surveying dictionary for the national land regis-
tration)

979. MAGYAR-NÉMET és német-magyar segédszótár a kataszteri fel-
mérés használatára. Buda, 1870.

(G) (Surveying dictionary for the land registration)

980. U.S. Army. Mapp Service
Glossary of selected map terms relative to authorities,
dates, scales, editions and locations in foreign text maps.
Washington, 1944. 47 leaves.

(B, Chi, Cz, D, Du, F, Fr, G, It, J, N, Po, Por, Ru, Rus,
Ser, Si, Sp, Sw)

S Y N O N Y M S

981. BORBÉLY, Sándor
Azonos és rokonalakú szók gyüjteménye. Vác [1905?]

(Collection of identical and synonymous words)

982. BALASSA, László
Garmada. Rokonértelmű szócsoportok és irói kifejezés-
formák. Budapest, Tankönyvkiadó, 1958. 187 p.

(Synonyms and synonymous literary expressions)

983. FINÁLY, Henrik
Adalékok a magyar rokonértelmű szók értelmezéséhez.
Budapest, 1870. 47 p.

(Additions to the interpretation of Hungarian synonyms)

984. GRADUS AD PARNASSUM, sive novus synonymorum, epithetorum
et phrasium poeticarum thesaurus. Tyrnava, Gall, 1725.
1062 p.

985. ------ Tyrnava, Societas Jesu, 1771. 1248 p.

986. ------ Buda, Universitas Hungarica, 1827. xxvi, 1928 p.

(La, G, Sl)

987. PÓRA, Ferenc
A magyar rokonértelmü szók és szólások kézikönyve.
2. kiad. Budapest, 1913. 523 p.

(Handbook of Hungarian synonyms and synonymous expressions)

T E C H N O L O G Y
(General)

988. ACSÁDY, Jenő
Magyar és német müszaki szótár. Budapest, 1900-1901.
2 v.

(G)

989. CSERÉPY, István
Angol mérnök-épitészeti szakszótár. 2. kiad. Budapest,
Fővárosi Könyvkiadó, 1947. xvi, 244 p.

(E) (English-Hungarian technical terminology. Includes
also terms of architecture, town-planning, road-making,
bridge-building and water-engineering)

990. DICTIONAR tehnik poliglot. Bucarest, Editura Technika,
1963. 1235 p.

(E, Fr, G, Ru, Rus)

991. FONÓ, Lajos
English-Hungarian [and Hungarian-English] technical

dictionary. Budapest, Akadémiai Kiadó, 1951-1956. 2 v.

992. HEVESI, Gyula
Magyar-orosz és orosz-magyar műszaki és tudományos szótár. Budapest, Akadémiai Kiadó, 1951-1954. 2 v.

(Rus) (Technical and scientific dictionary, 180.000 terms and 130.000 expressions)

993. LEXICONUL tehnik român. Bucarest, Associaţa Ştiintifică a Technicienilor diu R.P. Română, 1949-1952. 4 v.

(E, Fr, G, Rus)

994. NAGY, Ernö
Angol-magyar műszaki szótár. Jav. és bőv. kiad. Budapest, Akadémiai Kiadó, 1959. viii, 791 p.

(E) (200.000 terms)

995. ---- Magyar-angol műszaki szótár. ₍Szerk. Nagy Ernö et al. Budapest, Akadémiai Kiadó, 1957₎ viii, 752 p.

(E) (190.000 terms)

996. ---- Magyar-német műszaki szótár. Budapest, Terra, 1961. xvi, 1168 p.

(G)

997. ---- Német-magyar és magyar-német műszaki és tudományos szótár. ₍Szerk. Nagy Ernö et al.₎ Budapest, Akadémiai Kiadó, 1959-1961. 2 v.

(G) (Technical and scientific dictionary, 225.000 and 175.000 terms and expressions)

1000. ---- Ungarisches technisches Wörterbuch. Budapest, 1959. 263 p.

(G)

1001.   RÁZSÓ, I.
        Angol-magyar műszaki szótár. 1951.   976 p.

        (E)

1002.   RÉVÉSZ, Sándor
        Deutsch-ungarisches technisches Wörterbuch. Budapest,
        M. Dick, 1930.   2 v.

        (G)

1003.   STEINMETZ, István
        Russko-vengerski politechnicheski slovar. Budapest,
        Népszava, 1949.   96 p.

        (Rus) (8.000 terms)

1004.   SZABÓ, Miklós
        Német-magyar és magyar-német technikai zsebszótár.
        Budapest, 1921.

        (G)

T E X T I L E

1005.   THIERING, Oszkár
        Magyar-német és német-magyar textilszótár. Budapest,
        1909.

        (G)

T O U R I S T   I N D U S T R Y

1006.   MARENCHICH, Ottó
        Négynyelvű vendéglátóipari kézikönyv. [Budapest]
        Közgazdasági és Jogi Könyvkiadó, 1960.   391 p. illus.

        (E, G, Rus)

T R A D E
(General)

1007. FRECSKAY, János
Mesterségek szótára. Budapest, Hornyánszky, 1912.

(G) (Description of fifty trades with their vocabularies)

1008. KOLPAKOV, Boris T.
Kratki vneshnetorgovii slovar. Moskva, 1954. 545 p.

(Rus, A, B, Cz, E, F, Fr, G, Po, Ru, Sp)

T R A F F I C   E N G .

1009. VÁSÁRHELYI, Boldizsár
Közlekedés. Budapest, Terra, 1960. 2 v. (Müszaki
értelmező szótár, 7-8)

(E, G, Rus)

T R A N S P O R T A T I O N

1010. GÖRGEY, István
Magyar-német és német-magyar vasúti szakszótár. 2. ki-
ad. Budapest, 1898. 2 v.

(G) (Railways)

1011. KENESSEY, Albert
Német-magyar és magyar-német hajózási müszótár. Pest,
1865.

(G) (Naval dictionary)

1012. MAYER, József Lajos
       Müszótár az összes vasúti szolgálatok számára. Budapest,
       1882.

       (G) (Dictionary for all the branches of railroad-service)

1013. ---- Vasúti anyagok, leltári és berendezési tárgyak szó-
       tára. Wien, 1879. 2 v.

       (G) (Dictionary of railroad materials, inventory and
       furnishing)

1014. OZORAY, Árpád
       Vasút-épitési, üzleti, távirászati és gépészeti német-
       magyar és magyar-német szótár. 2. kiad. Pest, 1877.

       (G) (Dictionary of railroad-building, office, telegraph
       and engineering)

1015. RÉVÉSZ, Sámuel
       Vasúti szótár. Budapest, 1886. 2 v. in 3 pts.

       (G, Fr) (Railroads)

1016. STEINMETZ, István
       Orosz-magyar és magyar-orosz vasúti zsebszótár. ɾBuda-
       pestɿ Akadémiai Kiadó, 1952. 470 p.

       (Rus) (10.000 terms)

1017. ---- ------ ɾBudapestɿ Közlekedési Kiadó, 1952. 469 p.

       (Rus) (10.000 terms)

1018. VASÚTÜZLETI szótár, a forgalmi, vonatmozgósitási és távir-
       dai szolgálat számára. Budapest, 1875. 2 v.

       (Dictionary of railroads including telegraphing)

1019. VIEST, Ivan
       Zeleznični slovnik mad'arsko-nemečko-slovenský a slo-
       vensko-nemečko-mad'arský. Bratislava, 1920.
       (G, Sl)

VITICULTURE

1020. BAKOS, József
A Tokajhegyaljai régi szöllömüvelés szókincse. Eger, 1959. 54 p. illus. (Egri Pedagógiai Föiskola füzetei, 121)

(Old viticultural terms and expressions used at Tokajhegyalja region)

1021. GYÜRKY, Antal
Borászati szótár, betürendben, kellö magyarázattal ellátva. Pest, 1861.

(Annotated dictionary of vinery)

ZOOLOGY

General

1022. STOLL, N.R. (ed.)
A zoologiai nevezéktan nemzetközi kódexe. Ford. Gozmány László. ₍Budapest₎ Természettudományi Muzeum, 1962. 84 p. Mimeo.

(International code of zoological nomenclature)

Insectology

1023. DADAY, Jenö
Rovartani müszótár. A leiró rovartan legfontosabb müszavainak foglalatja. Budapest, 1894.

Ornithology

1024. JØRGENSEN, Harriet
       Nomina avium europearum. København, Munksgaard, 1958.
       283 p.

       (Cr, Cz, D, Du, E, F, Fr, G, Gr, Ice, It, La, N, Po, Por,
       Rus, Sp, Sw, T) (579 specific and 60 morphological terms)

1025. ---- Glosarium Europae avium. København, Munksgaard,
       1941. 190 p.

       (Cz, D, Du, E, F, Fr, G, It, Ice, La, N, Po, Por, Rus, Sp,
       Sw, T)

INDEXES

INDEX I.

L A N G U A G E S

INDEX II.

S U B J E C T S